監修のことば

　民事再生事件の進行は迅速である。標準的な事件では、申立後3か月程度で再生計画案を提出しなければならず、申立後6か月以内に債権者集会が開かれることになる。この手続に要する労力を少しでも節減して効率的な作業をするには、適切な書式の存在が不可欠である。そのような書式集の作成を目指して本書の原稿が作成された。その過程に私も監修者として加わらせていただき、裁判事務の円滑な進行の観点から率直に意見を述べさせていただいた。よい書式集ができることは、裁判所の手続を円滑に進める上で役立つところが大きいからである。その意見のすべてを適切に咀嚼していただいて、本書が出来上がったものであり、本書は、民事再生手続に携わる者にとって優れた水先案内人の役割を果たすものと考える。できる限り多くの実務家に本書が参照され、民事再生手続について一層円滑な進行が図られることを期待するものである。

園　尾　隆　司

監修のことば

　書式は「コロンブスの卵」のようなものである。出来上がった参考書式を見ると、ごく当たり前の、誰でも思いつく簡単な書面のように思いがちだが、参考書式なしに初めからこれを自分で作るとなると、呻吟してかなりの時間がかかってしまう。書式作成は、論文と違って研究業績にはならないが、実務に役立つ点では、論文の比ではない。このような地味な仕事をなし遂げた委員会のメンバーに心から敬意を表したい。そして「超」のつくご多忙の中を、熱心に逐一これを検討し監修して下さった園尾部長に感謝申し上げたい。

須　藤　英　章

本書式集の使い方

1　本書は、企業・事業者について、これから民事再生手続を申立てようとされている当事者そして何よりも申立代理人となる弁護士の方々に、直ちに役立つ書式として使っていただくことを念頭に作りました。

　また、まだ民事再生手続をこれから勉強しようとしている方に対しても、多くの実務書が出ていますが、理論面だけでなく、本書を一緒に見ていただくと、ただ理論を棒読みするだけでは理解しにくい民事再生手続の流れが、具体的となって自然と理解されるように工夫されています。

2　特に東京地方裁判所における民事再生の実務の流れに徹底して忠実に、この一冊があれば、東京地方裁判所の民事再生手続の書式に困らない、ということを考えて作りましたので、これから東京地方裁判所に民事再生手続を申立てようとされている方には、すぐにでも利用していただくことができます。

　ただし、東京地方裁判所の運用はしばしば変わることがありますので、ご注意ください。また、他の裁判所で使われている書式を掲載したものもありますが、その場合はその旨を記載しています。

3　民事再生手続の実務の流れを徹底して追及しており、書式としてあまり利用されることのないようなものは、厳選のうえ、意識的に除外したものもあります。

　また、東京地方裁判所以外の地方裁判所に民事再生の申立てをされる場合には、当該裁判所の要求するものにアレンジしていただくことが必要となります。しかし、そのような場合でも、本書にヒントを得て、参考書としてご利用いただくことができるのではないかと思います。

　このCD版書式集のもとになりました書式集においては、各書式末尾に、根拠条文、参考条文または簡単なコメントを（注）として加え、必要に応じて書式中に注番号を付してありました。本CD版書式集では、その注部分のみをまとめてこの小冊子の後にまとめて掲げるとともにCDの内容からは削除してあります。各々の事案に合うように各書式のアレンジを行なう際、この小冊子の（注）には必ず目を通し、各々の条文にあたることをお勧めします。

4　本CD版書式集では、多くの読者から要望が寄せられた個人民事再生に関する書式の基本的なものを末尾に付録として収録することにしましたのでご活用下さい。また、東京地裁における運用方針及び法律扶助協会の扶助を受けるための基準なども収録してありますので打ち出してご参照下さい。

5　申立代理人の負担が大きいといわれている民事再生手続を、誰もが利用しやすい制度として定着することに、本書が、お役に立てれば望外の喜びです。

　　　　　　　　　　　　　　　　　　　　　　　　　　　　　執筆者一同

操　作　方　法

■**起動**　「CD 版民事再生法書式集」を CD-ROM ドライブにセットして、しばらくするとスタート画面が自動的に起動します（下図・左参照）。なお、スタート画面が起動しない場合には、CD-ROM 内の「index.htm」を直接開いてください（下図・右参照）。

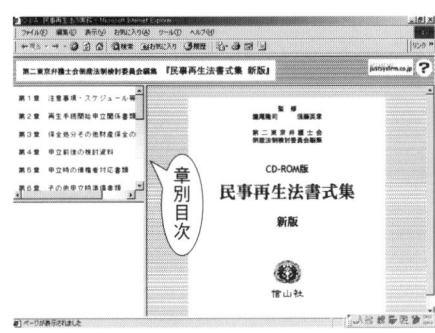

■**各ウィンドウの名称および表示内容**

　スタート画面の左上部に章別の目次が示されますので、以下の手順で書式を選択表示して下さい。

・章別目次ウィンドウ：収録書式内容の章別目次が表示されます（上図・左および下図①参照）。

・書式番号ウィンドウ：①の章別目次ウィンドウで章の選択を行ってクリックすると該当する章に収録される書式の細目次が表示されます（下図②参照）。

・内容表示ウィンドウ：②の書式番号ウィンドウで参照する書式を選択してクリックすると該当する書式の内容が表示されます（下図③参照）。

・使用ソフト選択アイコン：書式を編集・作成するにあたって使用可能なソフトのアイコンが表示されます（下図④参照）。

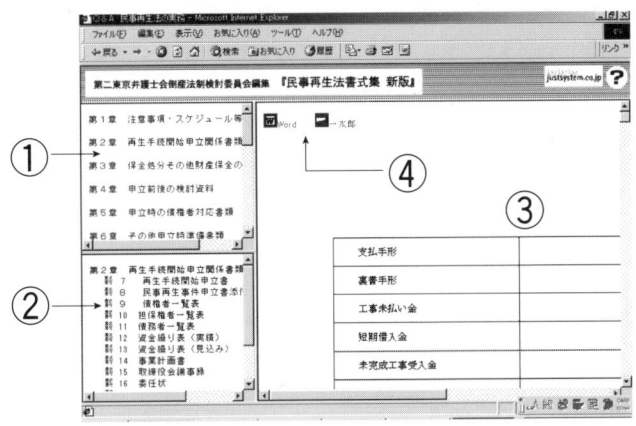

■使い方について
① 書式の表示：章別目次ウィンドウ、書式番号ウィンドウと順にクリックしていくと、内容表示ウィンドウに参照する書式が表示されます。
② 書式の編集：ご使用のソフトに応じてアイコンによって、Microsoft Word（「**W** Word」）、ジャストシステム一太郎（「■一太郎」）で作成されたファイルを開き、編集することができます。

■具体的操作方法
後掲の「収録書式一覧」または「フローチャート」で、参照すべき書式と書式番号を調べた上で、
① まず、章別目次ウィンドウで選択します──章別目次ウィンドウ内で目的の章をクリックします。
② 次に書式番号ウィンドウで選択します──書式番号ウィンドウが開きますので、表示された文書一覧から、参照したい文書をクリックします。
③ そして、内容表示ウィンドウを参照する──書式番号ウィンドウでクリックした文書が表示されます。
④ 文書ファイルの表示──Word97、98または2000をお持ちの方は「**W** Word」、一太郎 Ver. 8、9、10または11をお持ちの方は「■一太郎」をクリックしてください。その選択にしたがってブラウザ内でMicrosoft Wordまたは一太郎が起動し、文書の文書ファイルが開きます（一部機種において、「■一太郎」が起動しない場合があります。その場合には、後掲「■一太郎が起動しない場合」を参照して下さい）。
⑤ 文書の編集──上記④で選択したソフトに応じて書式を編集することができますので、それぞれの目的に応じて、加除修正を行ない、書式を作成して下さい。
　なお、「**W** Word」及び「■一太郎」の初期設定においては、裁判所では書式のＡ４版横書き化が実施されておりますので、それに対応して使用文字の大きさは、表題を別として、原則として12ポイント相当とし、左端に３センチの余白を設けるようにしてあります。
⑥ 文書ファイルの保存──編集後の文書ファイルは、ハードディスク、フロッピー等任意の場所にそれぞれ名前を付け保存して、ご活用ください。
⑦ オンラインヘルプの表示──画面右端の「？」マークをクリックすると、オンラインヘルプが表示されます。

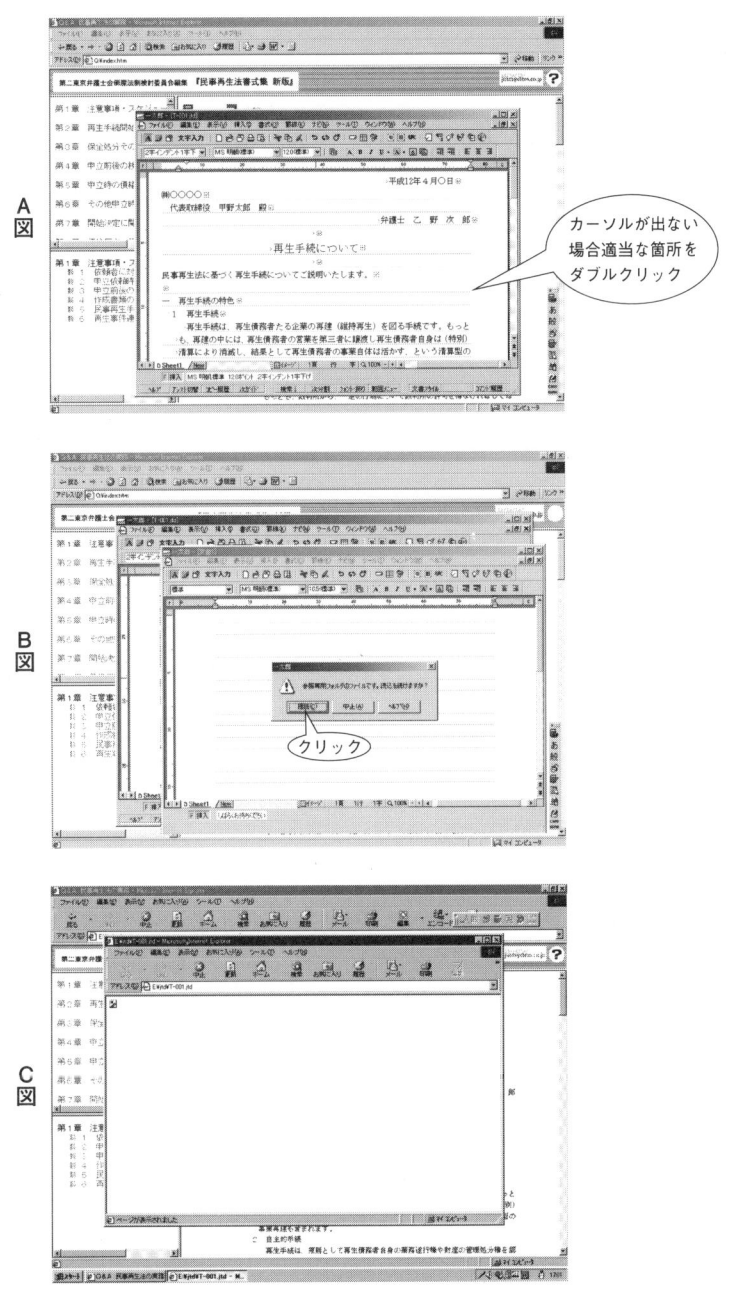

A図
B図
C図

■一太郎が起動しない場合

㋐ 一部の機種において、「■一太郎」をクリックしても、Internet Explorer 内で文書が表示されるのみで、カーソルが表示されず編集できない場合があります（上記A図）。その場合は、内容表示ウィンドウ（表示された文書）の適当なところで結構で

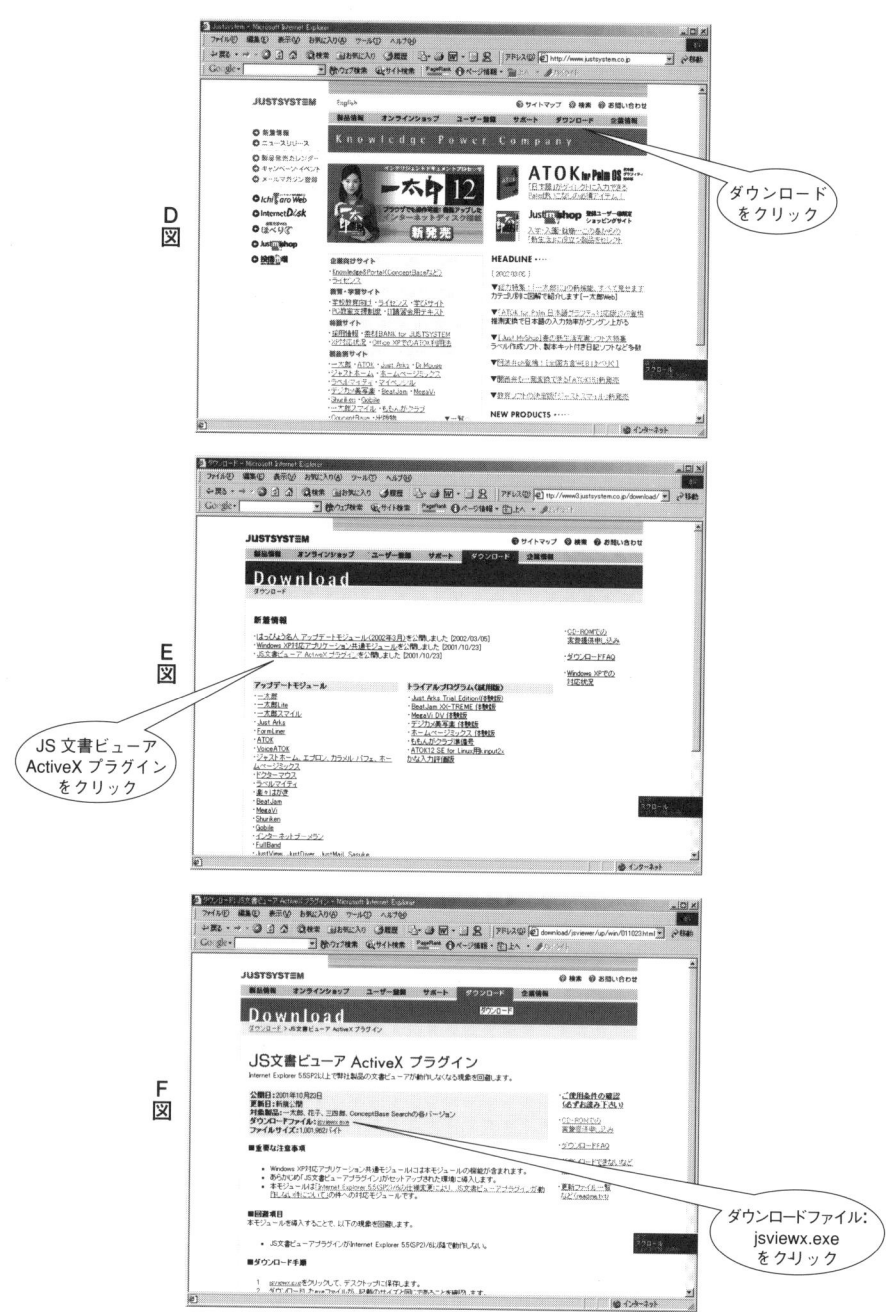

すので、そこをダブルクリックして下さい。B図のような画面が出ますので、そこに表示される枠内の「継続(C)」をクリックしますと一太郎が起動し（カーソルが表示され）、編集可能になります。

㊁　なお、ジャストシステム一太郎を選択すると前頁C図のような画面が出て一太郎が

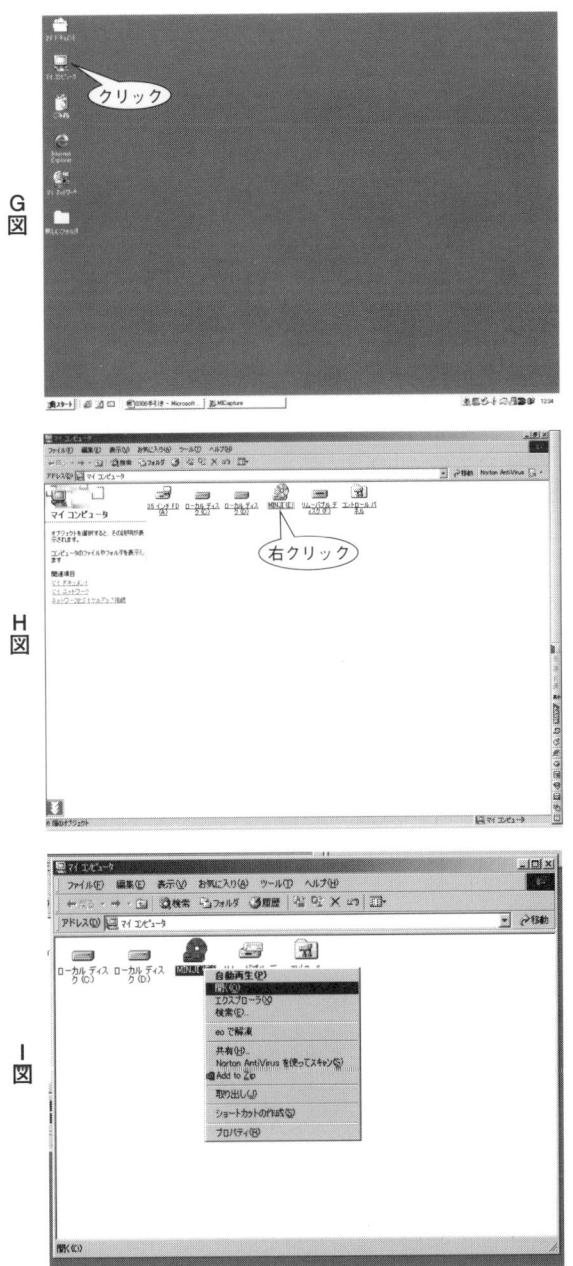

G図

H図

I図

起動しない場合があります。その場合には、下記⒤または⑪の方法によって一太郎を起動させてご利用下さい。

⒤ インターネットを利用可能な場合には、一太郎に「JS文書ビューアActiveXプラグイン」を組みこむことによって対処することができます。

3頁の下の図において、右上にあるJUSTSYSTEMのアイコンをクリックして

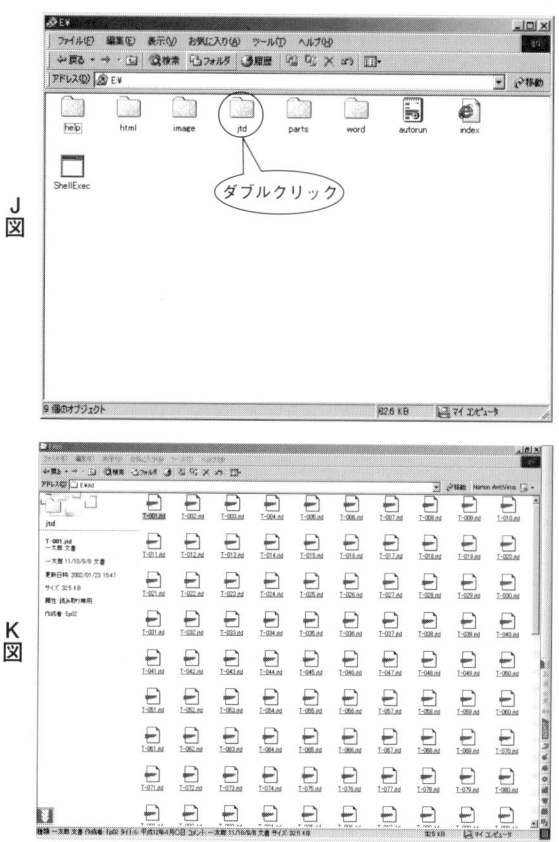

下さい（「？」記号の左隣）。ジャストシステムのホームページに入ります（D図）。掲げた画面の指示にしたがって「JS文書ActiveXプラグイン」（E図）まで進んで下さい。E図のダウンロードファイル「jsviewx.exe」をクリックして後は画面の指示にしたがいファイルをダウンロードして下さい（F図）。ダウンロードが終了しましたら再度前掲④から進めて下さい（一度この処理を実行すれば、次回からこの作業は不要です）。

(ⅱ) インターネットを利用していない場合には、後掲する「収録書式一覧」のファイル名をつかって一太郎を起動することが可能です。後掲「収録書式一覧」にゴチック体で表記されているものがファイル名です。例えば、「W−001」「T−001」と表記されているもののうち、冒頭に「T」がついているものが、一太郎のファイル名です（例、「T−001」「T−002」……）。以下の手引にしたがって操作して下さい。

▶CD−ROMの一太郎文書ファイルを開くまでの手引――

　　ⓐ デスクトップ上にあるマイコンピュータをダブルクリックして開く（G図）。

ⓑ マイコンピュータ内にある「MINJI」と表示されているCD-ROMドライブのアイコン上で**右**クリック（H図）。I図のような指示画面が表示されるので「開く」を選択し、CD-ROMドライブを開く（J図）。

ⓒ CD-ROMウィンドウ内に表示される一太郎（jtd）フォルダをダブルクリックし開く（J図）。K図のような画面がでるので後掲「収録書式一覧」より希望するファイルを記号によって選択し、ダブルクリックして開く。

ⓓ この後、前掲⑦で解説したB図の画面が出てきますので、「継続（C）」をクリックして一太郎を起動させて下さい。編集した後、それぞれ名前を付け、任意の保存先を指定し保存して下さい。

収録書式一覧

書式名の下のゴチで表示されている記号は、ワード及び一太郎におけるファイル名を示す

第1章 注意事項・スケジュール等

- 書式番号1 依頼者に対する手続の説明書
  W-001、T-001
- 書式番号2 申立依頼時の役員誓約書
  W-002、T-002
- 書式番号3 申立前後のスケジュール表
  W-003、T-003
- 書式番号4 作成書類のチェックリスト
  W-004、T-004
- 書式番号5 民事再生手続標準スケジュール（東京地裁）
  W-005、T-005
- 書式番号6 再生事件連絡メモ（法人用）
  W-006、T-006

第2章 再生手続開始申立関係書類

- 書式番号7 再生手続開始申立書
  W-007、T-007
- 書式番号8 民事再生事件申立書添付書類（法人用）
  W-008、T-008
- 書式番号9 債権者一覧表
  W-009、T-009
- 書式番号10 担保権者一覧表
  W-010、T-010
- 書式番号11 債務者一覧表
  W-011、T-011
- 書式番号12 資金繰り表（実績）
  W-012、T-012
- 書式番号13 資金繰り表（見込み）
  W-013、T-013
- 書式番号14 事業計画書
  W-014、T-014
- 書式番号15 取締役会議事録
  W-015、T-015
- 書式番号16 委任状
  W-016、T-016
- 書式番号17 予納金の額（監督委員選任型、目安）
  W-017、T-017
- 追加1 個人の通常再生申立要領
  WW-001、TT-001
- 書式番号18 再生手続開始申立取下許可申請
  W-018、T-018
- 書式番号19 申立取下のお知らせ
  W-019、T-019

第3章 保全処分その他財産保全の手続関係

- 書式番号20 保全処分申立書
  W-020、T-020
- 書式番号21 保全処分決定（弁済禁止・東京地裁）
  W-021、T-021
- 書式番号22 保全処分決定（弁済禁止・大阪地裁）
  W-022、T-022
- 書式番号23 弁済禁止保全処分決定謄本提出先一覧表
  W-023、T-023
- 書式番号24 0号不渡りの依頼書
  W-024、T-024
- 書式番号25 弁済禁止後振出小切手の依頼
  W-025、T-025
- 書式番号26 保全処分一部解除申立書
  W-026、T-026
- 書式番号27 中止命令の申立書
  W-027、T-027
- 書式番号28 包括的禁止命令の申立書
  W-028、T-028
- 書式番号29 破産手続の中止命令申立書
  W-029、T-029

第4章 申立前後の検討資料

- 書式番号30 比較貸借対照表
  W-030、T-030
- 書式番号31 比較損益計算書
  W-031、T-031
- 書式番号32 担保評価・担保設定状況一覧表
  W-032、T-032
- 書式番号33 金融債権と預金・担保の関係表
  W-033、T-033
- 書式番号34 破産配当の試算表
  W-034、T-034
- 書式番号35 修正・清算貸借対照表
  W-035、T-035
- 書式番号36 利益計画
  W-036、T-036
- 書式番号37 弁済計画
  W-037、T-037

第5章 申立時の債権者対応書類

- 書式番号38 債権者に対する通知と債権者説明会の案内
  W-038、T-038
- 書式番号39 債権者説明会式次第
  W-039、T-039
- 書式番号40 債権者説明会の報告書
  W-040、T-040
- 書式番号41 債務残高証明願い
  W-041、T-041
- 書式番号42 リース債権者説明報告書
  W-042、T-042
- 書式番号43 告示書
  W-043、T-043
- 書式番号44 緊急融資の案内
  W-044、T-044

書式番号45 租税債権に対する延滞金免除願い
　　　　　W-045、T-045
書式番号46 相殺禁止・引落禁止のご連絡
　　　　　W-046、T-046

第6章　その他申立時準備書類

書式番号47 従業員に対する通知
　　　　　W-047、T-047
書式番号48 従業員用マニュアル
　　　　　W-048、T-048
書式番号49 取引先に対する挨拶状
　　　　　W-049、T-049
書式番号50 今後のお支払に関するお知らせ
　　　　　W-050、T-050

第7章　開始決定に関する書類

書式番号51 再生手続開始決定（東京地裁）
　　　　　W-051、T-051
書式番号52 再生手続開始決定（大阪地裁）
　　　　　W-052、T-052
書式番号53 開始決定に伴う挨拶状
　　　　　W-053、T-053
書式番号54 再生手続開始通知書
　　　　　W-054、T-054
書式番号55 開始決定に対する即時抗告の申立書
　　　　　W-055、T-055
書式番号56 即時抗告棄却決定
　　　　　W-056、T-056
書式番号57 債権者集会招集の申立書
　　　　　W-057、T-057
書式番号58 強制執行手続中止の上申書
　　　　　W-058、T-058
書式番号59 強制執行の取消申立書
　　　　　W-059、T-059
書式番号60 上申書（執行取消）
　　　　　W-060、T-060

第8章　債権届出・調査・確定関係

書式番号61 再生債権届出書
　　　　　W-061、T-061
書式番号62 債権届出書の書き方
　　　　　W-062、T-062
書式番号63 再生債権の届出書（別除権者の予定不足額のある場合）
　　　　　W-063、T-063
書式番号64 追加届出書
　　　　　W-064、T-064
書式番号65 債権認否の方針
　　　　　W-065、T-065
書式番号66 認否書（その１）
　　　　　W-066、T-066
書式番号67 認否書（その２・自認債権）
　　　　　W-067、T-067
書式番号68 債権認否の変更書
　　　　　W-068、T-068
書式番号69 異議書（その１）
　　　　　W-069、T-069

書式番号70 異議書（その２）
　　　　　W-070、T-070
書式番号71 債権査定申立書
　　　　　W-071、T-071
書式番号72 査定の裁判に対する異議の訴え
　　　　　W-072、T-072
書式番号73 再生債権者表
　　　　　W-073、T-073
書式番号74 届出債権の名義変更届出書
　　　　　W-074、T-074

第9章　再生債権の弁済等の関係

書式番号75 中小企業者に対する弁済の許可申請
　　　　　W-075、T-075
書式番号76 中小企業者に対する弁済の依頼書
　　　　　W-076、T-076
書式番号77 中小企業債権の弁済許可手続請求の報告書
　　　　　W-077、T-077
書式番号78 少額債権の弁済の許可申請
　　　　　W-078、T-078
書式番号79 債権放棄兼少額債権の弁済の請求書
　　　　　W-079、T-079
書式番号80 少額債権等弁済の報告書（規則85条）
　　　　　W-080、T-080
書式番号81 相殺通知
　　　　　W-081、T-081

第10章　担保権関係

書式番号82 競売手続に関する中止命令の申立書
　　　　　W-082、T-082
書式番号83 担保権消滅許可申立書
　　　　　W-083、T-083
書式番号84 担保権消滅許可決定
　　　　　W-084、T-084
書式番号85 価額決定請求書
　　　　　W-085、T-085
書式番号86 価額決定に対する即時抗告の申立書
　　　　　W-086、T-086
書式番号87 別除権者との協定書（その１）
　　　　　W-087、T-087
書式番号88 別除権者との協定書（その２）
　　　　　W-088、T-088
書式番号89 別除権者との協定書（その３）
　　　　　W-089、T-089
書式番号90 別除権の放棄書
　　　　　W-090、T-090
書式番号91 不動産売却・別除権の受戻の同意申請書（法54Ⅱ）
　　　　　W-091、T-091

第11章　再生計画およびその決議関係

書式番号92 再生計画案
　　　　　W-092、T-092
書式番号93 再生計画案（会社代表者個人）
　　　　　W-093、T-093

書式番号94 再生計画案（営業譲渡後の清算型：抄）
W-094、T-094

書式番号95 再生計画案（スポンサー型：抄）
W-095、T-095

書式番号96 再生計画案（減資条項）
W-096、T-096

書式番号97 減資を定める再生計画案の提出許可
W-097、T-097

書式番号98 公告文（資本の減少等）（その１）
W-098、T-098

書式番号99 公告文（資本の減少等）（その２）
W-099、T-099

書式番号100 公告文（資本の減少等）（その３）
W-100、T-100

書式番号101 公告文（資本の減少等）（その４）
W-101、T-101

書式番号102 公告文（資本の減少等）（その５）
W-102、T-102

書式番号103 取締役会議事録（増資決議）
W-103、T-103

書式番号104 株主総会議事録（第三者割当の承認）
W-104、T-104

書式番号105 増減資スケジュール例
W-105、T-105

書式番号106 再生計画案の修正許可申請書
W-106、T-106

書式番号107 債権者集会招集決定
W-107、T-107

書式番号108 債権者集会期日通知書
W-108、T-108

書式番号109 委任状提出の依頼書
W-109、T-109

書式番号110 委任状
W-110、T-110

書式番号111 再生計画案同意の依頼書
W-111、T-111

書式番号112 再生計画案提出期間伸長の申立書
W-112、T-112

第12章　営業譲渡関係

書式番号113 営業譲渡許可申請書
W-113、T-113

書式番号114 営業譲渡に関する代替許可の申立書
W-114、T-114

書式番号115 営業譲渡契約書
W-115、T-115

書式番号116 営業譲渡スケジュール例
W-116、T-116

書式番号117 新聞広告（営業譲渡）
W-117、T-117

書式番号118 労働組合に対する営業譲渡の通知
W-118、T-118

書式番号119 株主による即時抗告の申立書
W-119、T-119

第13章　債権者集会までの諸手続関係

書式番号120 閲覧制限申立書
W-120、T-120

書式番号121 事件に関する文書等の閲覧等制限決定
W-121、T-121

書式番号122 文書等閲覧等制限決定取消の申立書
W-122、T-122

書式番号123 共益債権化（120条２項）の承認申請
W-123、T-123

書式番号124 共益債権化承認の報告書（規則55条）
W-124、T-124

書式番号125 一般優先債権承認の同意申請書（法54Ⅱ）
W-125、T-125

書式番号126 月間報告書（定例報告書）
W-126、T-126

書式番号127 財産評定書
W-127、T-127

書式番号128 財産評定書の訂正上申書
W-128、T-128

書式番号129 再生債務者報告書（法125）
W-129、T-129

書式番号130 法人の役員に対する保全処分申立書
W-130、T-130

書式番号131 法人の役員の財産に対する保全処分決定
W-131、T-131

書式番号132 損害賠償請求権査定の申立書
W-132、T-132

書式番号133 損害賠償請求権の査定決定
W-133、T-133

書式番号134 共益債権等に基づく強制執行等の中止・取消申立書
W-134、T-134

書式番号135 債権者委員会関与承認の申立書
W-135、T-135

書式番号136 債権者委員会関与承認の議事録
W-136、T-136

書式番号137 共益債権化の同意申請（開始決定後の業務）
W-137、T-137

書式番号138 借入同意申請書
W-138、T-138

書式番号139 借入に関する同意および共益債権化承認申請（法54Ⅱ、120Ⅱ）
W-139、T-139

| 書式番号140 | 手形割引同意申請 W-140、T-140
| 書式番号141 | 財産処分同意申請書 W-141、T-141
| 書式番号142 | 再生債務者の契約解除通知 W-142、T-142
| 書式番号143 | 相手方の催告書 W-143、T-143

第14章　簡易再生・同意再生関係

| 書式番号144 | 簡易再生の申立書 W-144、T-144
| 書式番号145 | 簡易再生の同意書 W-145、T-145
| 書式番号146 | 簡易再生に対する同意の依頼書 W-146、T-146
| 書式番号147 | 簡易再生の決定公告文（その１）W-147、T-147
| 書式番号148 | 簡易再生の決定公告文（その２）W-148、T-148
| 書式番号149 | 簡易再生の決定公告文（その３）W-149、T-149
| 書式番号150 | 簡易再生の決定公告文（その４）W-150、T-150
| 書式番号151 | 労働者の代表に対する通知書 W-151、T-151
| 書式番号152 | 同意再生の申立書 W-152、T-152
| 書式番号153 | 同意再生の決定 W-153、T-153
| 書式番号154 | 同意再生の同意書 W-154、T-154
| 書式番号155 | 同意再生に対する同意の依頼書 W-155、T-155

第15章　監督委員関係

| 書式番号156 | 監督命令（再生手続開始決定前・東京地裁）W-156、T-156
| 書式番号157 | 監督命令（再生手続開始決定前・大阪地裁）W-157、T-157
| 書式番号158 | 監督委員資格証明書 W-158、T-158
| 書式番号159 | 監督命令の登記嘱託書 W-159、T-159
| 書式番号160 | 商業登記簿謄本（監督命令の登記）W-160、T-160
| 書式番号161 | 監督委員選任のお知らせ W-161、T-161
| 書式番号162 | 監督委員の照会状・回答書 W-162、T-162
| 書式番号163 | 監督委員の意見書（開始の可否について）W-163、T-163
| 書式番号164 | 監督委員への報告書 W-164、T-164

| 書式番号165 | 監督委員の意見書 W-165、T-165
| 書式番号166 | 否認権を行使する権限の付与申立書 W-166、T-166
| 書式番号167 | 否認権行使許可申請書 W-167、T-167
| 書式番号168 | 否認請求の申立書 W-168、T-168
| 書式番号169 | 否認の訴えの訴状 W-169、T-169
| 書式番号170 | 異議訴訟の訴状 W-170、T-170

第16章　保全管理人関係

| 書式番号171 | 保全管理命令 W-171、T-171
| 書式番号172 | 保全管理人の挨拶状 W-172、T-172

第17章　管財人関係

| 書式番号173 | 管理命令 W-173、T-173
| 書式番号174 | 管理命令発令通知書 W-174、T-174
| 書式番号175 | 管財人の挨拶状 W-175、T-175
| 書式番号176 | 管理命令申立書（債権者申立）W-176、T-176

第18章　調査委員関係

| 書式番号177 | 調査委員の挨拶状 W-177、T-177

第19章　債権者集会終了後の諸手続

| 書式番号178 | 再生計画認可決定 W-178、T-178
| 書式番号179 | 確定証明申請 W-179、T-179
| 書式番号180 | 再生計画認可に伴う挨拶状 W-180、T-180
| 書式番号181 | 再生計画変更申立書 W-181、T-181
| 書式番号182 | 再生計画取消申立書 W-182、T-182
| 書式番号183 | 再生手続廃止申立書（再生計画認可後）W-183、T-183
| 書式番号184 | 債権者による廃止の上申書 W-184、T-184
| 書式番号185 | 再生手続廃止決定 W-185、T-185
| 書式番号186 | 再生手続終結申立書 W-186、T-186

付録　個人民事再生手続の運用と書式

＊　個人再生法の手続のあらましと運用方針については、付録書式1〜4、及び、15・16を打ち出してご参照下さい。
　また、法律扶助協会の援助を受けるための基準などについては、付録書式17をご参照下さい。

付録書式1　個人債務者再生手続標準スケジュール
　　WWW-001、TTT-001

付録書式2　個人再生委員執務メモ
　　WWW-002、TTT-002

付録書式3　債務者代理人執務メモ
　　WWW-003、TTT-003

付録書式4　提出書類一覧（個人債務者再生手続申立用）
　　WWW-004、TTT-004

付録書式5　再生手続開始申立書（小規模個人再生）
　　WWW-005、TTT-005

付録書式6　再生手続開始申立書（給与所得者等再生）
　　WWW-006、TTT-006

付録書式7　収入一覧及び主要財産一覧
　　WWW-007、TTT-007

付録書式8　債権者一覧表
　　WWW-008、TTT-008

付録書式9　債権者一覧表（継続用紙）
　　WWW-009、TTT-009

付録書式10　債権認否一覧表
　　WWW-010、TTT-010

付録書式11　異議申述書
　　WWW-011、TTT-011

付録書式11の2　異議通知書
　　WWW-011-2、TTT-011-2

付録書式12　報告書（民事再生法124条2項、125条1項）
　　WWW-012、TTT-012

付録書式13　財産目録
　　WWW-013、TTT-013

付録書式14　再生計画案
　　WWW-014、TTT-014

付録書式14の2　再生計画案　参考例1
　　WWW-014-2、TTT-014-2

付録書式14の3　再生計画案　参考例2
　　WWW-014-3、TTT-014-3

付録書式15　個人債務者再生手続に関する運用方針
　　WWW-015、TTT-015

付録書式16　個人債務者再生手続に関する東京地裁の運用方針の解説
　　WWW-016、TTT-016

付録書式17　民事法律扶助審査基準（財団法人・法律扶助協会）
　　WWW-017、TTT-017

I 再生手続のフローチャート（全体図）［後見型］

＊ 枠内の白抜きの数字は本書の書式番号を示します。

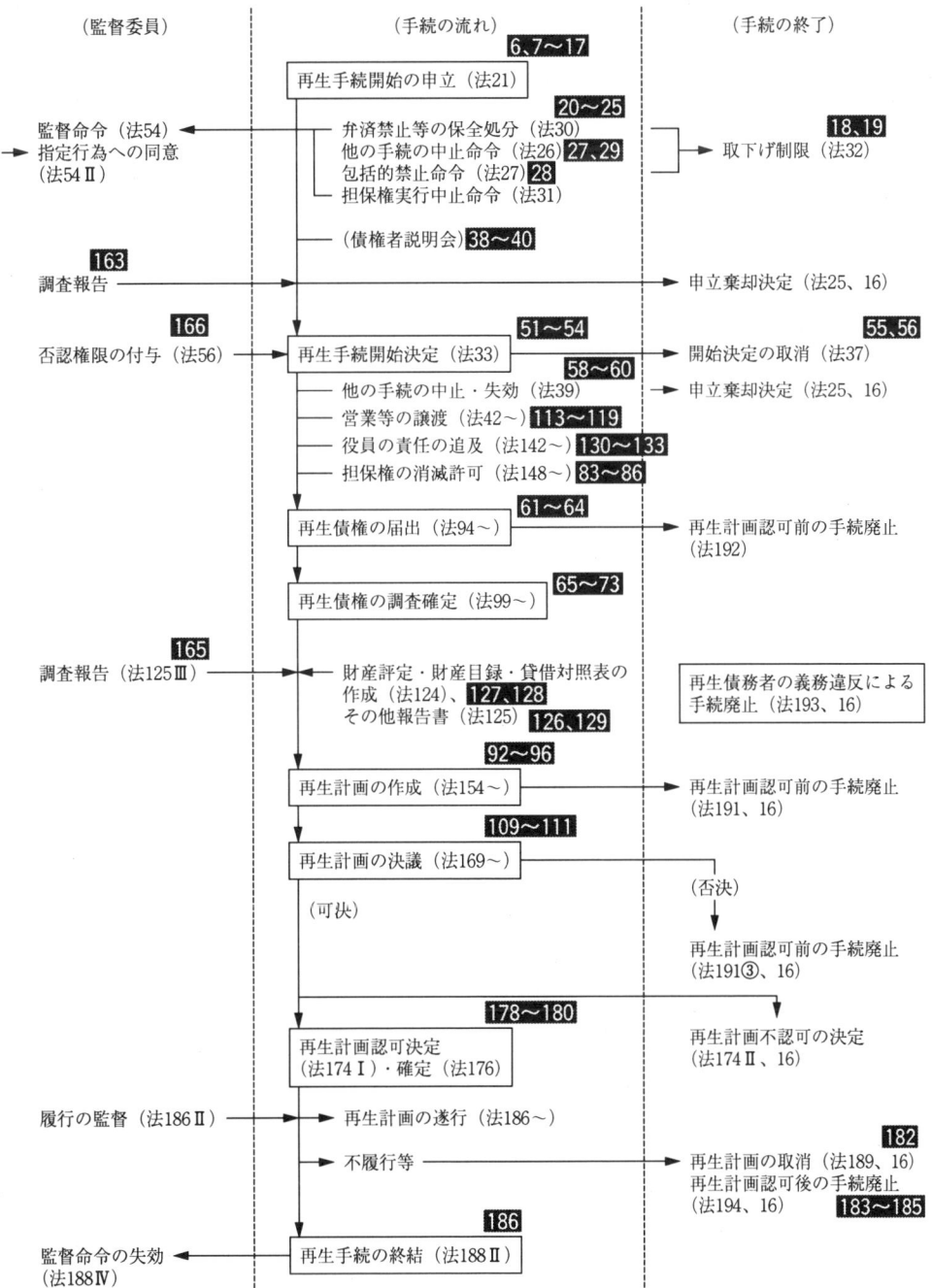

II 再生手続のフローチャート［簡易再生］［同意再生］

＊ 枠内の白抜きの数字は本書の書式番号を示します。

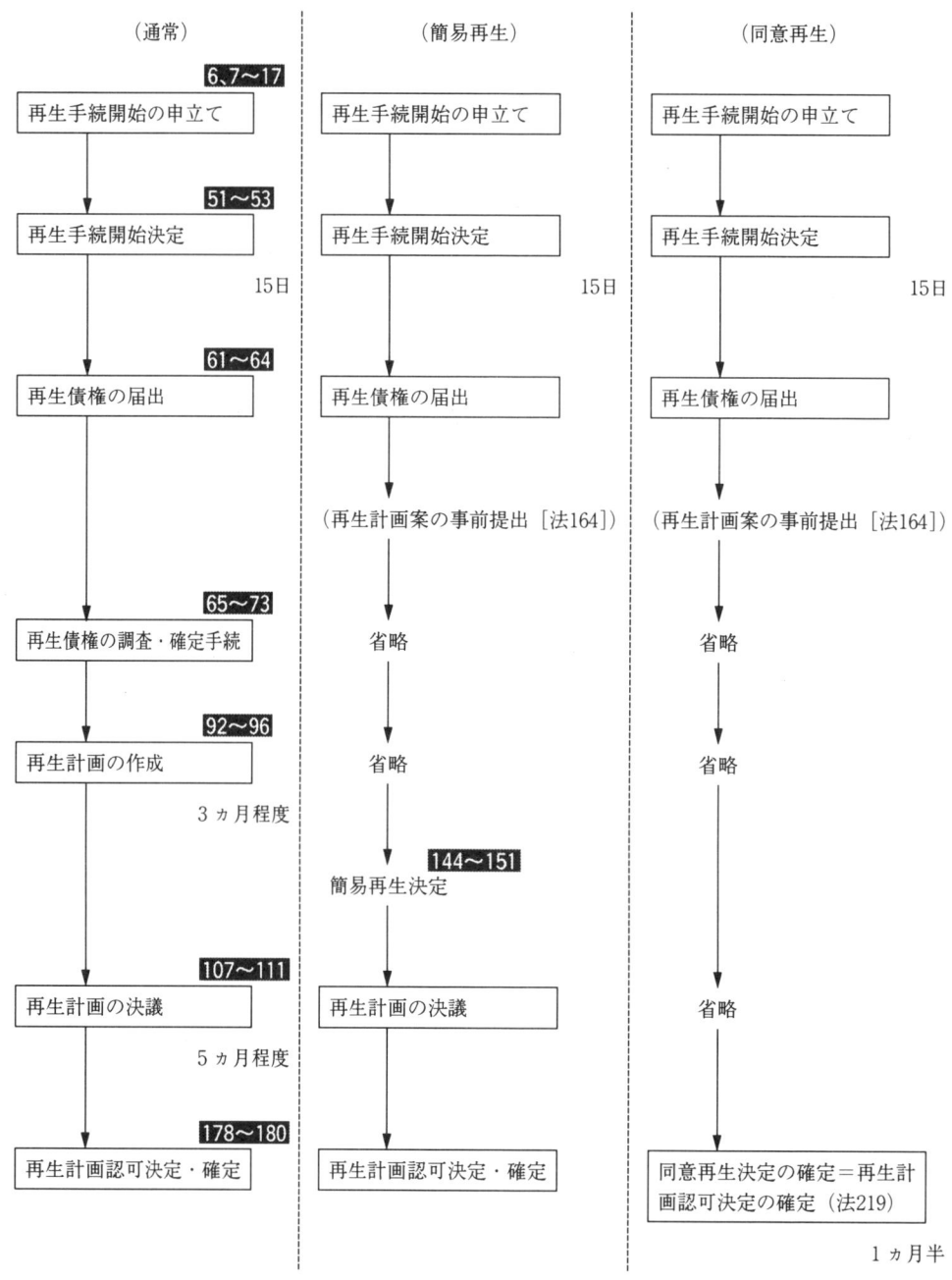

（注） 月数は、東京地方裁判所における一般的な事件に係る申立てからの予想期間

III 再生手続のフローチャート（詳細図）

＊ 枠内の白抜きの数字は本書の書式番号を示します。

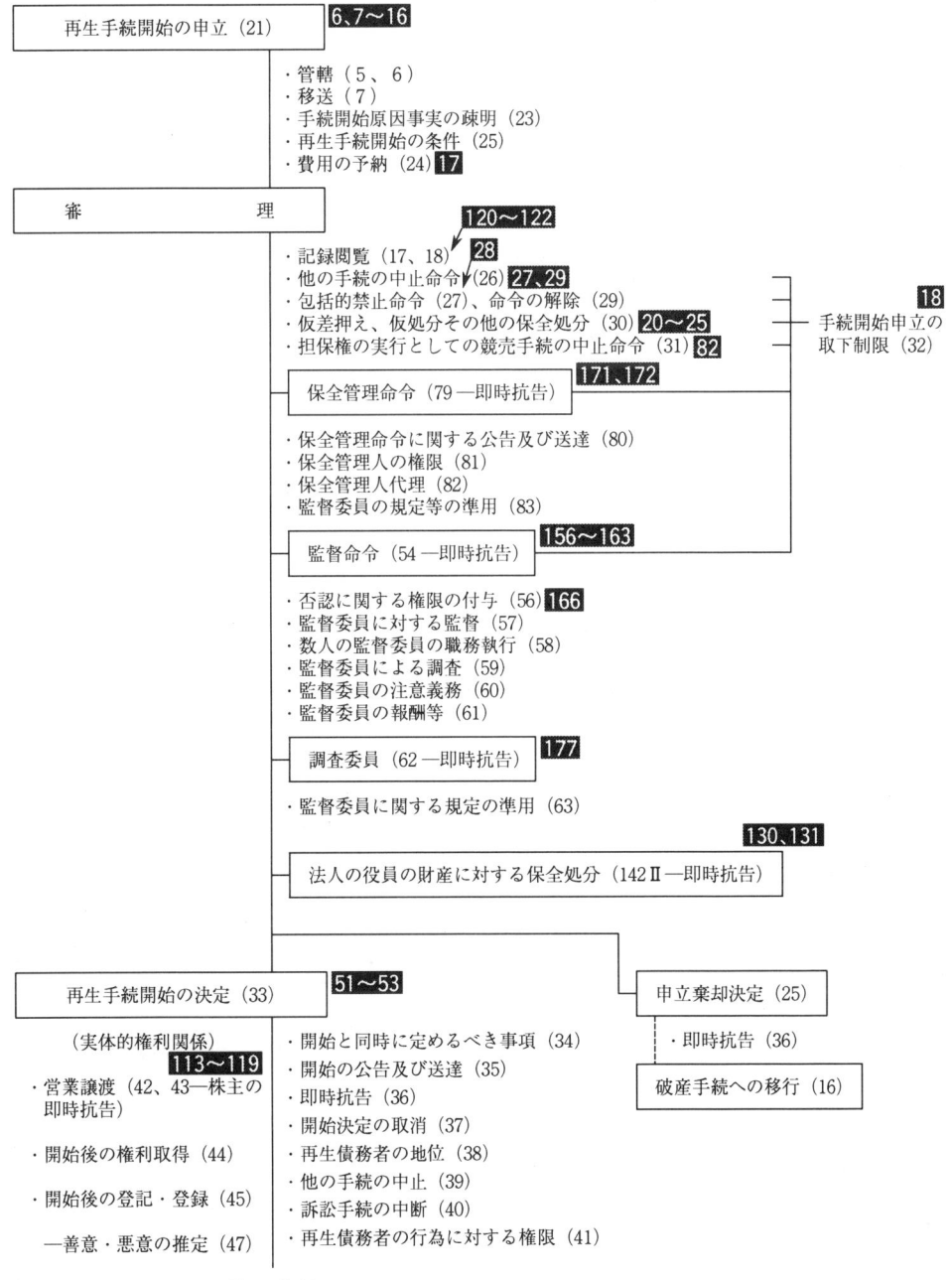

再生手続フローチャート（詳細図）〔括弧内の数字は条項の番号〕

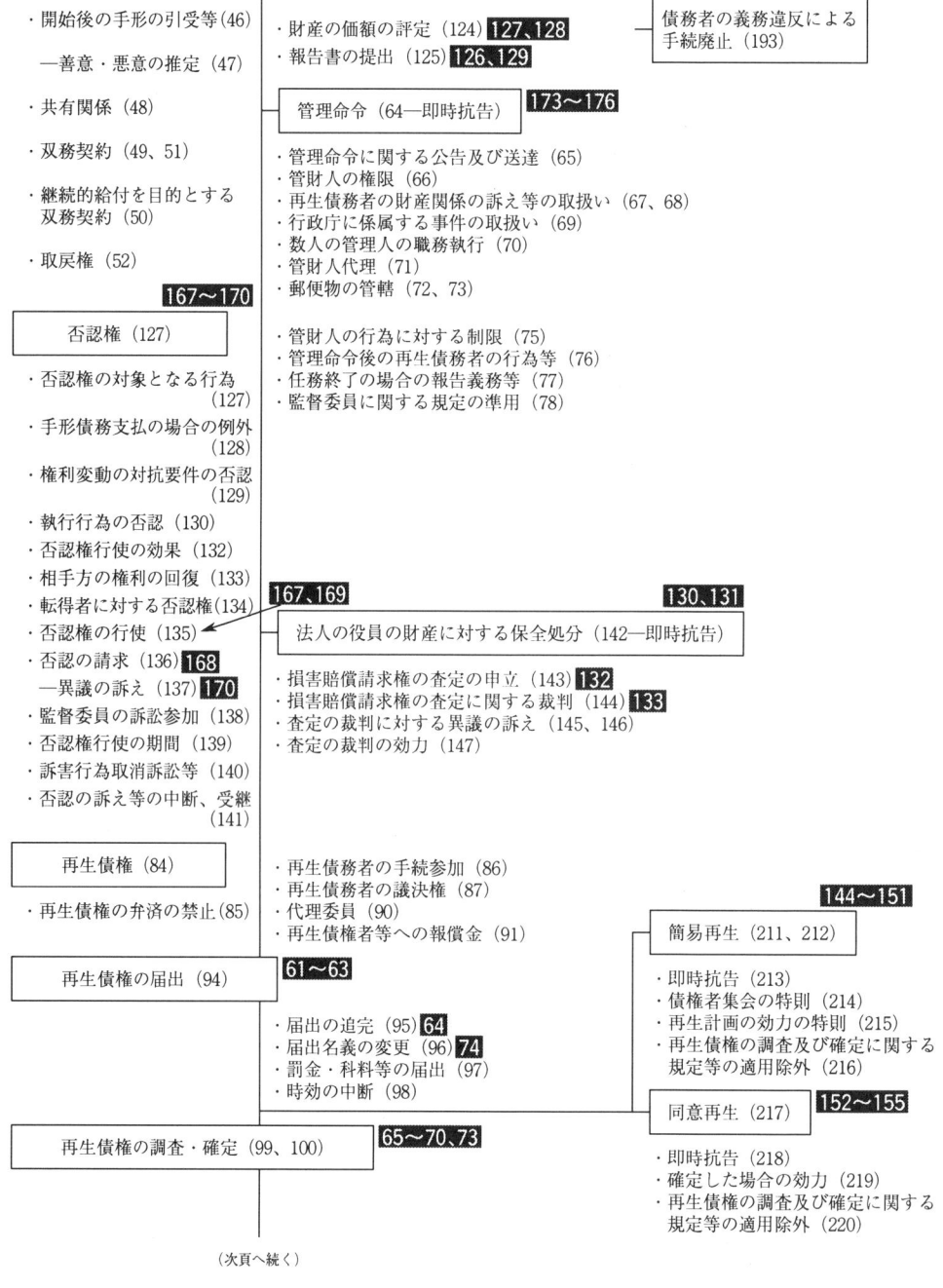

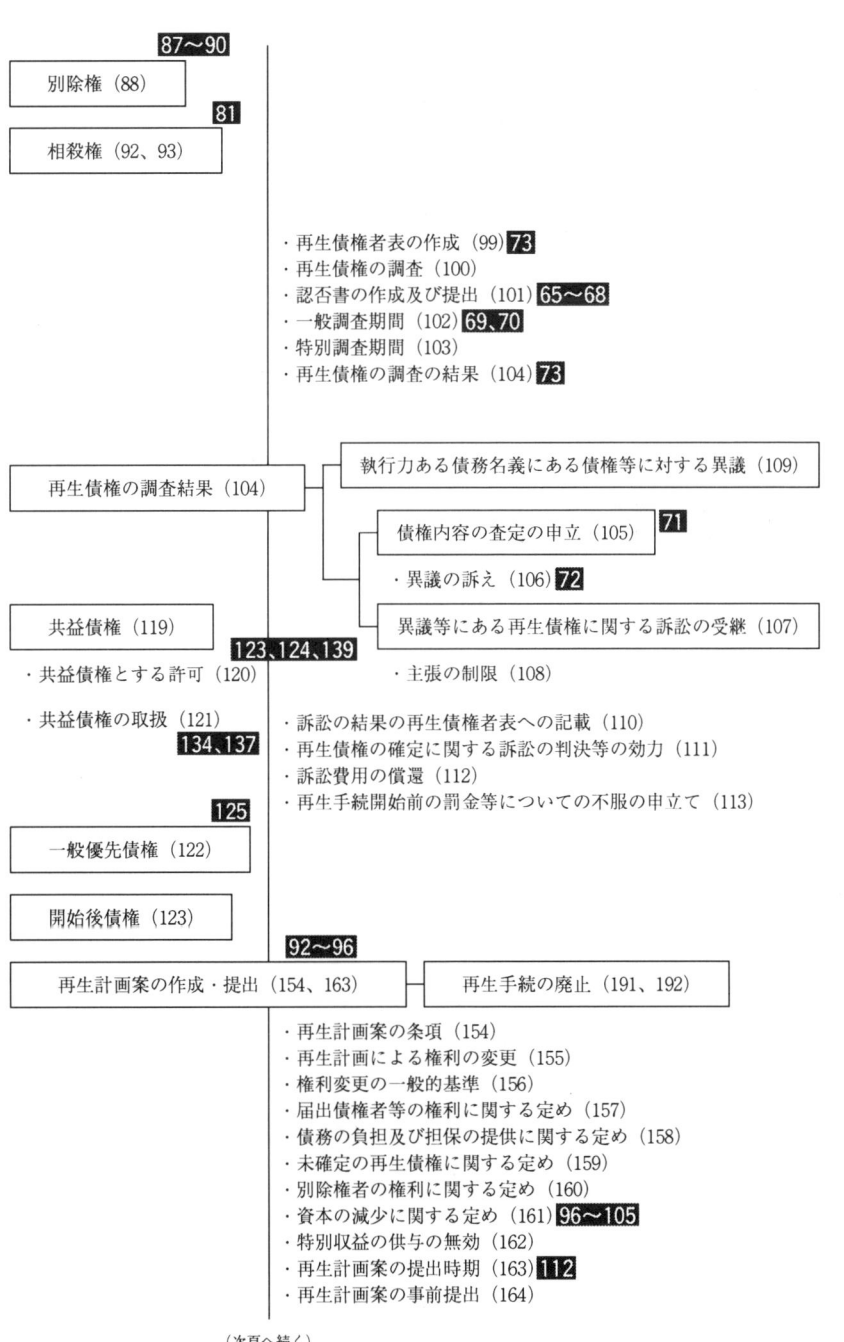

(次頁へ続く)

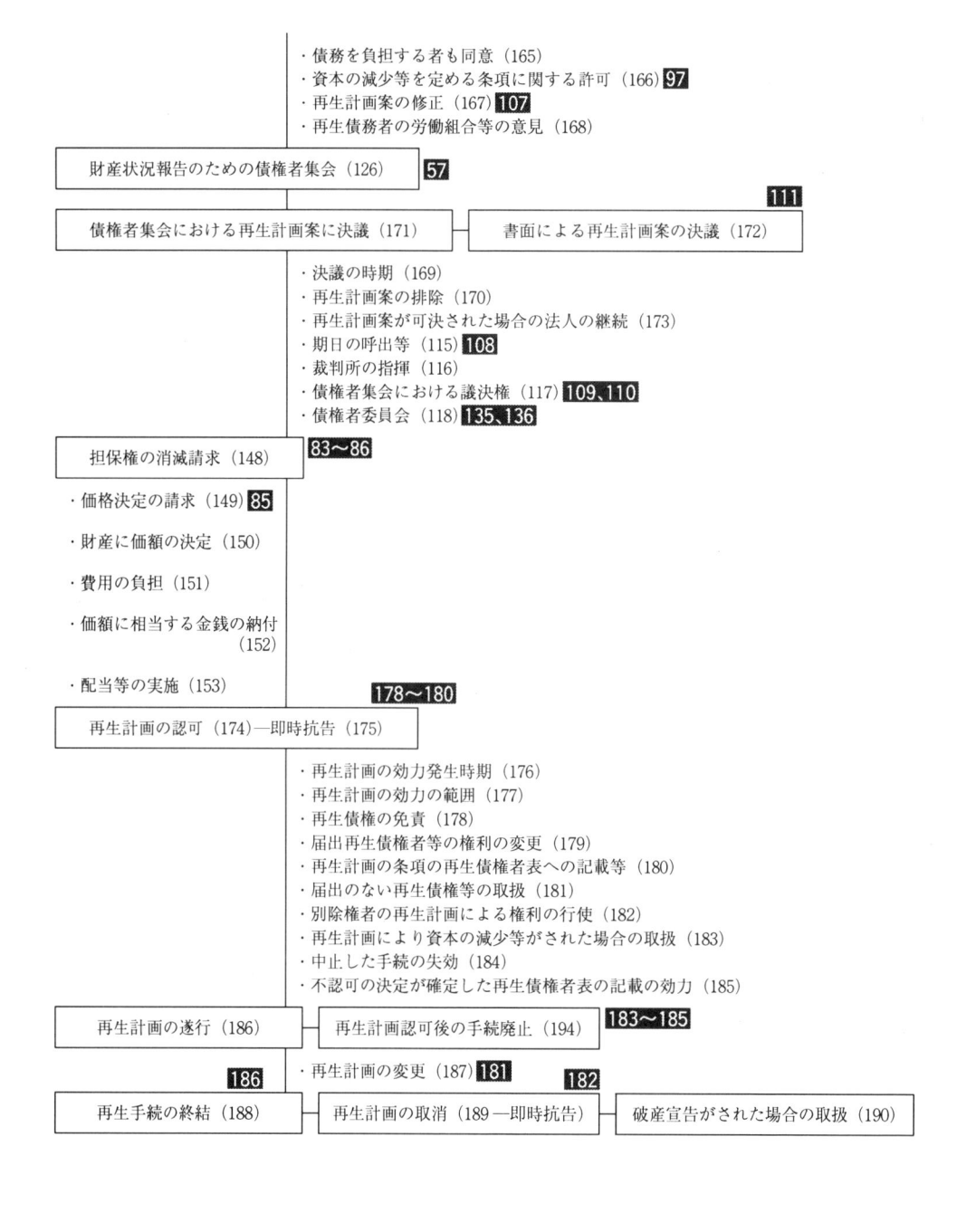

```
                                              ・債務を負担する者も同意（165）
                                              ・資本の減少等を定める条項に関する許可（166）97
                                              ・再生計画案の修正（167）107
                                              ・再生債務者の労働組合等の意見（168）

    財産状況報告のための債権者集会（126） 57
                                                                              111
    債権者集会における再生計画案に決議（171）       書面による再生計画案の決議（172）
                                              ・決議の時期（169）
                                              ・再生計画案の排除（170）
                                              ・再生計画案が可決された場合の法人の継続（173）
                                              ・期日の呼出等（115）108
                                              ・裁判所の指揮（116）
                                              ・債権者集会における議決権（117）109、110
                                              ・債権者委員会（118）135、136

    担保権の消滅請求（148）     83〜86
・価格決定の請求（149）85
・財産に価額の決定（150）
・費用の負担（151）
・価額に相当する金銭の納付
  （152）
・配当等の実施（153）
                              178〜180
    再生計画の認可（174）—即時抗告（175）
                                              ・再生計画の効力発生時期（176）
                                              ・再生計画の効力の範囲（177）
                                              ・再生債権の免責（178）
                                              ・届出再生債権者等の権利の変更（179）
                                              ・再生計画の条項の再生債権者表への記載等（180）
                                              ・届出のない再生債権等の取扱（181）
                                              ・別除権者の再生計画による権利の行使（182）
                                              ・再生計画により資本の減少等がされた場合の取扱（183）
                                              ・中止した手続の失効（184）
                                              ・不認可の決定が確定した再生債権者表の記載の効力（185）

    再生計画の遂行（186）    再生計画認可後の手続廃止（194）  183〜185
                        186   ・再生計画の変更（187）  181      182
    再生手続の終結（188）    再生計画の取消（189—即時抗告）    破産宣告がされた場合の取扱（190）
```

各書式に関する注記一覧

書式番号1の注記　（注1）　○○○○が従前に破産宣告を受けていない場合を想定。

書式番号4の注記　（注1）　東京地裁の場合、保全処分は弁済禁止の仮処分、業務及び財産管理状況の定期報告に対する仮処分が中心であり、不動産の処分禁止の仮処分は発令しない扱いになっている。このため、19ないし23は申立債務者の便宜の為に準備する意味を持つにすぎない。

書式番号5の注記　（注1）　東京地方裁判所が配布しているものである。時々改訂されているので注意を要する。

書式番号7の注記　（注1）　上記①、②は分ける。上記①の添付書類はそのまま提出し、②の書類は別途ファイル化して提出する。
　　　　　　　　　　（注2）　申立書原本の他に、写しを監督委員及び主任裁判官用に2部作成する。添付資料は原本の他に監督委員用に写しを1部提出する。

書式番号8の注記　（注1）　東京地方裁判所で配布している書類である。

書式番号11の注記　（注1）　東京地裁では提出を要しない。

書式番号12の注記　（注1）　再生手続開始の申立の日前1年間の資金繰りの実績を明らかにする書面（規則14条6号）。
　　　　　　　　　　（注2）　会社の会計帳簿に粉飾がなされている場合があるが、過去の実績を参考に将来の資金繰りを想定するという観点からすると、粉飾を修正した現実の資金繰り実績表を作成するよう努めるべきである。

書式番号13の注記　（注1）　再生手続開始の申立ての日以後6月間の資金繰りの見込み（規14条6号）。
　　　　　　　　　　（注2）　下の枠は、手形残高を管理するために作成する表である。手形により回収した場合の受取手形は、現金化しない限り資金繰りに使えない。そこで、受取手形を取立てあるいは割り引いて現金化したものについてのみ、上の枠の収入（受手取立）に計上することとし、現金化されていない手形の残高を管理するために、下の表を作成したものである。

書式番号15の注記　（注1）　再生手続開始の申立権能は、再生債務者自身にあり（法21条1項）、個々の取締役・監査役には申立適格がないと解されている。
　　　　　　　　　　（注2）　商法260条2項「其ノ他ノ重要ナル業務執行」として取締役会決議が必要と解される。

書式番号17の注記　（注1）　裁判所ごとに異なることがあるので、確認を要する。

追加書式1の注記	（注1）	東京地方裁判所が個人の通常再生申立用として配付している書類である。
書式番号18の注記	（注1）	法32条に基づく申立てである。
	（注2）	再生手続開始申立ての取下げは、再生手続開始の決定前に限り行うことができる。
書式番号19の注記	（注1）	再生手続開始の申立取下げについては、法32条参照。
書式番号20の注記	（注1）	東京地裁においては申立日の前日とする扱いである。
	（注2）	東京地裁においては、債務者申立の場合、原則として弁済禁止・担保提供禁止の保全処分のみを発令し、従前の和議手続において処分禁止の保全処分及び借財禁止の保全処分により規制していた点は監督命令により規制する扱いである。但し、不動産の権利証・登記の委任状等を債権者に徴求され、登記手続きが行われる現実の危険がある場合には、その旨疎明することにより、処分禁止の保全処分の発令を受けられる場合もある。
	（注3）	法30条。
	（注4）	申立人の業種によっては、弁済等禁止の除外事由について、「申立人の事務所事業所」の他に店舗や倉庫を含める必要がある場合や「リース料」の他に割賦代金を含める必要がある場合も考えられる。なお、申立人が百貨店の場合、申立人が発行した前払式証票（商品券・ギフトカード）の発行または使用によって申立人が負担する債務についても弁済等禁止の除外事由とした例がある。
書式番号23の注記	（注1）	法30条。
	（注2）	手形、小切手の支払場所となっている金融機関や口座引き落としがなされる可能性のある金融機関に対して、弁済を禁止するよう求めるため、弁済禁止保全処分決定謄本を直ちに提出する必要があるので一覧表が必要となる。裁判所からも、予めその提出予定先を報告するよう求められる。
書式番号24の注記	（注1）	法30条。
	（注2）	手形、小切手の支払場所になっている金融機関に対して、保全処分により手形・小切手の決裁ができないことと、その場合には0号不渡りの処理を行うよう求める書面である。
書式番号25の注記	（注1）	法30条。
	（注2）	手形・小切手の支払場所になっている金融機関に対して、保全処分により保全処分命令発令日までの原因に基づく手形・小切手の支払はできないことと、保全処分命令発令以降の小切手については決済するよう求める書面である。
書式番号26の注記	（注1）	保全処分は、再生手続開始の申立につき決定があるまで効力を有す

　　　　　　　　　　　　る命令である（法30条1項）。
　　　　　　　　（注2）　債権者申立の再生手続において、不動産の処分禁止の保全処分が発
　　　　　　　　　　　　令されている場合を想定している。

書式番号28の注記　（注1）　法27条ないし29条。
　　　　　　　　（注2）　包括的禁止命令は、再生手続開始の申立につき決定があるまでの間
　　　　　　　　　　　　において効力を有する（法27条1項）。
　　　　　　　　（注3）　法26条1項の規定による中止命令によっては再生手続の目的を十分
　　　　　　　　　　　　に達成することができないおそれがあると認めるべき特別の事情の存
　　　　　　　　　　　　在が包括的禁止命令発令の要件とされているが（法27条1項）、東京
　　　　　　　　　　　　地裁においては申立ての15日後に開始申立についての決定がされるた
　　　　　　　　　　　　め、通常は包括的禁止命令を発する必要性がないものとされている。

書式番号29の注記　（注1）　法第26条1項1号に基づく申立である。

書式番号30の注記　（注1）　裁判所への提出、債権者への提出、内部検討資料として適宜使用す
　　　　　　　　　　　　ることができる書面である。

書式番号31の注記　（注1）　裁判所への提出、債権者への提出、内部検討資料として適宜使用す
　　　　　　　　　　　　ることができる書面である。

書式番号32の注記　（注1）　裁判所への提出、債権者への提出、内部検討資料として適宜使用す
　　　　　　　　　　　　ることができる書面である。

書式番号33の注記　（注1）　裁判所への提出、債権者への提出、内部検討資料として適宜使用す
　　　　　　　　　　　　ることができる書面である。

書式番号34の注記　（注1）　裁判所への提出、債権者への提出、内部検討資料として適宜使用す
　　　　　　　　　　　　ることができる書面である。
　　　　　　　　（注2）　書式35参照。

書式番号36の注記　（注1）　建設会社を設例の前提として仮定した。
　　　　　　　　（注2）　科目名及び配列は、建設業法施行規則様式16号を参考にした。
　　　　　　　　（注3）　完成工事高及び兼業売上高は、中小企業庁編「中小企業の原価指標
　　　　　　　　　　　　（平成9年度）」の43頁の建設業総平均額（欠損企業）を用いた。
　　　　　　　　（注4）　完成工事原価内訳は、上記「中小企業の原価指標」を用いた。
　　　　　　　　（注5）　販売費及び一般管理費合計並びに支払利息は、上記「中小企業の原
　　　　　　　　　　　　価指標」の各費目を用いたものを加算した（存在しないものは、10千
　　　　　　　　　　　　円とした。）。
　　　　　　　　（注6）　実績値については、平成10年3月以降は、売上高及び売上原価を対
　　　　　　　　　　　　前年比90％とし、その余の費用を前年どおりとした。
　　　　　　　　（注7）　法人税率については、平成9年度は37.5％、それ以降は34.5％とし
　　　　　　　　　　　　た（課税標準は課税所得）。
　　　　　　　　（注8）　法人住民税率については、17.3％とした（課税標準は前年度法人税

　　　　　　　　　　　　額)。
　　　　(注9)　事業税率については11.0％とした(課税標準は前年度法人所得＝課
　　　　　　　税所得)。
　　　　(注10)　当期利益(税引後)については、課税所得から、法人税及び住民税
　　　　　　　額合計を控除したものとした。
　　　　(注11)　受取利息は、有価証券を売却後の計画２年度以降は発生しないもの
　　　　　　　とした。
　　　　(注12)　実績初年度繰越損失額は、５年前からの累計額と同額とした。
　　　　(注13)　前期繰越利益(損失)については、準備金取崩等による解消がない
　　　　　　　ものとした。
　　　　(注14)　23期に不動産売却による特別損失を5000万円計上し、24期に他の不
　　　　　　　動産売却による特別損失を5000万円計上することとした。
　　　　(注15)　23期に再生手続申請に伴う資産再評価による特別損失として３億円
　　　　　　　を計上した。
　　　　(注16)　裁判所への提出、債権者への提出、内部検討資料として適宜使用す
　　　　　　　ることができる書面である。

書式番号37の注記　(注１)　裁判所への提出、債権者への提出、内部検討資料として適宜使用す
　　　　　　　　　　　　ることができる書面である。

書式番号38の注記　(注１)　債権者の通知と併せ、債権者説明会の案内を連絡する書式である。
　　　　　　　　　　(注２)　債権者説明会は、会社更生等においてその申立後に開かれることが
　　　　　　　　　　　　多い運用・実態があり、民事再生においても債権者説明会を開催する
　　　　　　　　　　　　ことができるものとして、債権者説明会の開催が規則上認められてい
　　　　　　　　　　　　る(規則第61条)。
　　　　　　　　　　　　　債権者説明会では、再生債務者の業務及び財産に関する状況又は再
　　　　　　　　　　　　生手続の進行に関する事項についての説明が予定されている(規則第
　　　　　　　　　　　　61条)。
　　　　　　　　　　(注３)　本通知書例は、東京地方裁判所の標準スケジュールに則り作成して
　　　　　　　　　　　　いる。

書式番号39の注記　(注１)　債権者説明会の式次第であるが、式次第を配布することにより、債
　　　　　　　　　　　　権者が説明会の進行及び内容の概略を理解でき、また配布資料を確認
　　　　　　　　　　　　できる利点がある。
　　　　　　　　　　(注２)　再生債務者等が債権者説明会を開催することができることは、規則
　　　　　　　　　　　　第61条に規定されている。

書式番号40の注記　(注１)　監督委員は、通常、債権者説明会に出席して傍聴するので、裁判所
　　　　　　　　　　　　に対する報告書だけで足りる。
　　　　　　　　　　(注２)　裁判所は、再生計画認可決定確定前であっても、少額債権者に対す
　　　　　　　　　　　　る弁済を許可することができる(法85条１項)。少額債権について
　　　　　　　　　　　　は、債権者の衡平を害しない限度で、早期弁済等の優遇措置をとるこ
　　　　　　　　　　　　とが可能である(法155条１項)。

書式番号41の注記　（注１）　大口の金融機関（債権者）に対する照会依頼である。
　　　　　　　　　（注２）　金融機関との取引は、契約書が差入れ形式になっていることが多く、その契約数及び各内容、利息や遅延損害金の約定内容、担保の有無及びその内容、手形割引の有無及び額等再生債務者自身の連帯保証債務の有無など再生債務者自身も正確に把握できていないことが多い。他方、金融機関側の契約関係に関する情報は正確であり、かつ迅速に開示されることが期待できるので、再生手続の見通しを立てるために、債務状況の開示を依頼する書面である。

書式番号42の注記　（注１）　リース債権者に対する説明の報告書であり、再生債務者の内部資料である。
　　　　　　　　　（注２）　リース物件は、再生を図るために継続して使用する必要性がある場合も多く、その趣旨を債権者に十分説明する必要があるし、また債権者がどのような対応を考えているかを把握する必要もある。しかし、事業の規模にもよるが、リース債権者及びリース物件はいずれも多数（他種類）に亘ることが多く、リースに関する情報を正確に整理して把握するために、このような報告書を作成すると便宜である。

書式番号43の注記　（注１）　民事再生申立後には、一部の債権者が再生債務者の在庫品等の動産類を持ち出そうとすることが十分予測される。そこで、そのような搬出を防止するために、告示書を掲示して、再生債務者から申立代理人が財産の管理を受任しただけではなく、刑法に触れる可能性があることを通知し警告することが多い。

書式番号45の注記　（注１）　租税は、一般優先債権である（法122条１項）ので、再生手続が開始されてもその権利行使を制限されず、滞納処分若しくは強制執行・仮差押又は一般の先取特権の実行としての競売を行うことが可能である。したがって、かかる権利行使がなされないよう、支払の意思及び支払時期を明確にした書面を提出する必要がある。

書式番号46の注記　（注１）　民事再生法は、債務者の事業又は経済生活の再生を図ることを目的とする手続であるため、相殺ができる場合を制限している。具体的には、①再生債権者が再生手続開始当時再生債務者に対し債務を負担していること、②債権及び債務の双方が再生債権の届出期間の満了前に相殺適状に達していることが必要である（法92条１項）。
　　　　　　　　　（注２）　法93条１号の相殺禁止規定に該当する場合につき、銀行の注意を喚起するもの。
　　　　　　　　　（注３）　裁判所は、再生手続開始の申立があった場合、開始決定がなされるまでの間、再生債務者の業務及び財産に関し、必要な保全処分を命ずることができ（法30条１項）、必要な保全処分を命ずることができ（法30条１項）、必要な保全処分の一つとして明文で弁済禁止の保全処分が規定されている（同条６項）ため、銀行が自動引落処理による弁済を行わないよう、注意を喚起する。
　　　　　　　　　（注４）　申立直後FAX等で早期に送付する。

書式番号47の注記	（注1）	再生手続開始の申立後なるべく早い時期に、社内の混乱を避けるために、社員に対し、再生手続の申立をしたこと・今後の会社の経営方針・賃金等につき情報を開示する必要がある。
	（注2）	従業員の賃金は、一般優先債権である（法122条1項）ので、他の再生債権に優先して、随時弁済を受け得ること（同条2項）を知らせる必要がある。
書式番号48の注記	（注1）	再生申立時の混乱時に、従業員が落ち着いて対応できるようにする。
書式番号49の注記	（注1）	再生申立による混乱を避けるため、取引先に対し、十分な情報開示を行う。
書式番号50の注記	（注1）	再生債務者が現金での支払を確約しないと、取引の継続が不可能となるおそれがあるため、かかる通知が必要である。また、掛売りから現金取引に変える際に、取引方法を明示することにより、円滑に取引を継続する目的もある。
書式番号55の注記	（注1）	法9条／法25条4号／法33条、35条、9条、10条／法36条1項。
書式番号56の注記	（注1）	法19条／民訴法の準用。
書式番号57の注記	（注1）	民事再生手続では、財産状況報告のための債権者集会は、手続簡素化のために任意に開催される。申立が認められる場合については、法第114条参照。
	（注2）	申立書には、会議の目的である事項、及招集の理由を記載する（規則第48条）。
書式番号58の注記	（注1）	法39条1項による中止を求める上申書である。
	（注2）	執行手続開始後終了までに提出を予定している。
	（注3）	執行裁判所の担当部宛に提出をする。
書式番号59の注記	（注1）	執行取消の前提となる執行中止は、再生手続開始決定の際に生じる（法39条1項）。したがって、再生事件の開始決定による執行中止の後、本申立書を提出する。
	（注2）	再生事件の担当裁判所に提出する。
	（注3）	法39条2項後段に基づく申立である。
	（注4）	法39条1項により執行手続が中止していることが前提となる（法39条2項後段）。
	（注5）	再生のため必要があることが要件となる（法39条2項後段）。
	（注6）	立担保が必要となる場合もある（法39条2項後段）。
書式番号60の注記	（注1）	法39条2項による取消決定がなされたことを伝える上申書である。
	（注2）	執行手続開始後終了までに提出を予定している。

(注3)　執行裁判所の担当部宛に提出をする。

書式番号61の注記　(注1)　法第94条1項参照。なお、届出書には、各債権の内容及び原因、議決権の額のほか、規則第31条に定める事項を記載する。
(注2)　再生債権の届出の提出をもって、再生手続への参加があったものとされ、時効中断効を生ずる。

書式番号62の注記　(注1)　債権届出について、届出期間は、裁判所が再生手続開始決定と同時に定める（34条）。
期間→規則18条1項。
(注2)　債権届出について、届出事項→94条1項・規則31条。
(注3)　債権届出について、再生債権者が届出期間内に債権の届出を行わなかった場合は、失権するのが原則（178条、181条1項）。
例外は限定的→95条1項3項5項。
(注4)　債権届出について、届出には時効中断効がある（98条）。
〔参考〕　平成12年の東京地裁での取扱例──記載例参照
1　添付書類
法人の資格証明及び証拠書類の添付は不要です（但し、債務者から提出を求められた場合は必要となります。）。
2　記載方法
● 債権者の表示の中の㊞は、会社の代表印を押してください。印鑑証明の添付は不要です。
住所は、本件取引に関する現実の営業所、事務所等を記載してください。裁判所からの通知は、この住所宛に郵送します。登記簿上の本店所在地が、この住所と異なる場合には、必ず「本店所在地」欄に登記簿の記載どおりに記入してください。同じ場合は、「同上」と記載してください。
● 同一の種類の債権が複数口ある場合は、記載例のように、債権明細目録又は手形明細目録に記入してください。記載欄が足りない場合は、用紙をコピーして作成のうえ、別紙として添付してください。
● 利息金又は遅延損害金は、開始決定の前日までは、確定金額を記入してください。開始決定後の金員も請求する場合は、額未定となりますので、□をチェックするだけで結構です。複数口ある場合は、債権の種類ごとに債権明細目録に記入してください。
● 担保権のある債権者は、〔担保権の種類〕をチェックするか、又は（　）の中に具体的な種類を記入してください。
〔担保権の実行で不足する見込額〕の資料としては、計算書や不動産評価書等を提出してください。担保設定が複数ある場合には、どの物件かが分かるように設定内容についての明細書を添付してください。

書式番号63の注記　(注1)　東京地裁の書式である。
(注2・3)　別除権とは、抵当権、質権、特別の先取特権等の担保権であり、再生手続によらず行使することができるが（法第53条）、別除権を有する債権者が債権を届け出る場合は、別除権の目的（注3）及び

別除権の行使によって弁済を受けることができないと見込まれる債権の額（注2）を届け出なければならない（法第94条2項）。

書式番号64の注記 （注1） 再生債権者は、裁判所の定めた届出期間内に、再生債権の届出をしなければならず（法94条）、届出期間経過後の債権届出、届出の追完は特別な場合に限り許されることになった。

　　　すなわち、①再生債権者がその責めに帰すことのできない事由によって裁判所の定めた届出期間に届出をすることができなかった場合（法95条1項）、②届出期間経過後に再生債権が生じた場合（同条3項）、③再生債権者がその責めに帰すことのできない事由によって、届け出た事項について他の再生債権者の利益を害すべき変更を加える場合（同条5項）に限って、届出の追完ができる。

（注2） 注1①の場合、その事由が消滅した後1カ月以内に限り、その届出を追完することができる（法95条1項）。この期間は、裁判所による期間の伸縮は認められず（法95条2項）、また、たとえ1カ月の期間内であっても、再生計画案を書面による決議に付する旨の決定がなされ、又は再生計画案について決議をするための債権者集会を招集する旨の決定がなされた後は、届出の追完をすることはできない（同条4項）。なお、届出の追完をする時には、届出をすることができなかった事由及びその事由が消滅した時期を記載しなければならない（規則34条1項）。

（注3） 注1②の場合、その権利が発生した後1カ月の不変期間内に届出をしなければならない（法95条3項）。この場合、注2の場合と異なり、民事訴訟法の適用があり、債権者の責に帰すことができない事由により不変期間を遵守することができなかった場合には、その事由が消滅した後1週間以内に限り追完することができる（民事訴訟法97条1項）。なお、届出書には、当該届出をする再生債権が生じた時期を記載しなければならない（規則34条2項）。

（注4） 追加届出書には、副本を添付する必要がある（規則34条4項、32条）。

書式番号65の注記 （注1） 別除権者は、再生債権の届出に際し、債権の内容及び原因等、他の再生債権者と同様の事項のほか、別除権の目的及び別除権予定不足額等も届け出なければならない（法94条2項）。書式中の(1)は、「債権額そのものに争いがない場合」には、認否において債権全額を認めるというものである（債権全額と予定不足額との関係は注3参照）。

（注2） 再生計画案可決のためには、議決権者の過半数の賛成のほか、議決権者の議決権総額の2分の1以上の議決権を有する者の賛成が必要である（法171条4項）。そして、別除権者は、予定不足額の部分についてのみ、再生債権者としてその権利を行使できる（法88条）。したがって、議決権については、予定不足額の分だけを認めることとなる。

（注3） 予定不足額が確定していない別除権者については、再生計画において、不足額が確定した場合の再生債権者として権利行使に関する適確

な措置を定めなければならない（法160条1項）。

書式番号66の注記　（注1）　債権届出期間内に、届出があった再生債権、第95条による届出の追完又は届出事項の変更があった再生債権についての認否書の記載例である（法第101条1項、同2項参照）。
　　　　　　　　　（注2）　認否は、届出債権について、各別に認めるか認めないかを記載する。

書式番号67の注記　（注1）　法第101条3項参照。
　　　　　　　　　（注2）　届出がない再生債権を知っている場合の認否書の記載例である。認否書の記載事項については、規則第38条2項参照。

書式番号68の注記　（注1）　法101条に基づき作成した認否書について、認否書の提出期限後に規則41条1項に基づき変更するものである。一般調査期間における調査が開始された後においては、認否書について規則41条1項に基づく変更以外の変更を行うことは裁判所によっては認めない場合があるため、認否書の作成にあたっては誤りがないように細心の注意を払う必要がある。なお、東京地裁においては、形式的な誤記その他の裁判の更正の事由に準じた事由がある場合には、更正書の提出により認否書の記載の訂正（更正）を認める運用である（金融法務事情1594号18頁）。

書式番号69の注記　（注1）　法第102条1項参照。
　　　　　　　　　（注2）　異議申立書には、異議を述べる事項及び異議の理由を記載しなければならない（規則第39条）。

書式番号70の注記　（注1）　法第102条1項、2項。
　　　　　　　　　（注2）　再生債務者の自認債権に対する異議申立である。

書式番号71の注記　（注1）　法第105条1項参照。申立は、再生事件が係属する裁判所に行う。
　　　　　　　　　（注2）　申立書の記載事項については、規則第45条1項、同2項参照。

書式番号72の注記　（注1）　再生債権の査定の裁判に対する不服申立方法である。即時抗告は認められないので、一般の民事訴訟の手続によって行われる。法第106条参照。
　　　　　　　　　（注2）　再生債権の確定に関する訴訟の目的の価額は、再生計画によって受ける利益の予定額を標準として受訴裁判所が定める（規則第46条）。

書式番号73
「第1書式」の注記　（注1）　裁判所書記官は、再生債権者表を作成しなければならず（民事再生法第99条）、再生債権者表には、各債権について、その内容及び原因、議決権の額、別除権の行使によって弁済を受けることができないと見込まれる債権の額（同99条2項、94条2項）の外、再生債務者の氏名又は名称及び住所、再生手続開始後の利息の請求権、再生手続開

始後の不履行による損害賠償及び違約金の請求権及び再生手続参加の費用の請求権、執行力ある債務名義又は終局判決のある債権である旨等を記載しなければならない（規則第36条、法84条2項）。また、自認債権については、その内容及び再生債権者の氏名又は名称及び住所、再生債権の原因などを記載することになる（法101条3項、同規則38条2項）。

(注2) 再生債権の調査には一般調査期間及び特別調査期間による調査があるが、裁判所書記官は、再生債権の調査の結果を再生債権者表に記載しなければならない（法第104条、102条及び103条）。

(注3) 再生計画認可の決定が確定したときは、裁判所書記官は、その条項を再生債権者表に記載しなければならない（法第180条）。

同「第2書式」の注記　(注1) 再生計画作成の便宜のため債権者別の確定債権を記載する欄を設けた。なお、本例では、再生計画において、開始決定日以降の債権をカットするケースを想定している。

(注2) 便宜のために債権者毎の合計欄を記載する欄を設けた。

(注3) その他欄には、再生債権の調査の結果（民事再生法第104条2項）、再生債権の確定に関する訴訟の結果（同110条）などを記載する。

同「第3書式」の注記　(注1) 再生債権の査定の申立があると（民事再生法第105条1項）、債権の存否及びその内容を定める（査定の）裁判があるが（同条3、4項）、当該裁判に対する訴えが提起されない場合は、その裁判の内容を再生債権者表に記載することになる（民事再生法第110条）。

同「第4書式」の注記　(注1) 再生債権者表の作成にあたり、再生債務者が提出した再生債権認否書を別紙として用いる方法のほか、本書式のように個別の再生債権者毎に再生債権者表を作成する方法もある。

書式番号74の注記　(注1) すでに届出がされた再生債権を取得した者は、届出期間が経過した後でも、届出名義の変更を受けることができる（法96条）。

(注2) 届出名義の変更の届出書の記載事項及び添付書類（規則35条参照）。届出名義の変更は、議決権者の変更にあたるので、債権者集会招集決定後に名義変更が行われた場合、変更議決票の発行を受けることが必要である。

書式番号75の注記　(注1) 認可決定確定前（法85条2項）に申し立てる。

(注2) 法85条2項（中小企業者への弁済許可）に基づく許可申立である。

(注3) 再生債権者から本申立をすべきことを求められたときはその旨を裁判所に報告する必要がある（法85条4項）。

書式番号76の注記　(注1) 認可決定確定前（法85条2項）に要望する。

(注2) 法85条2項（中小企業者への弁済許可）を促す要望書である。

(注3) 再生債権者から本申立をすべきことを求められたときは、再生債務者は、その旨を裁判所に報告する必要があるとされている（法85条4

項）。

書式番号78の注記　（注１）　認可決定確定前（法85条５項）に申し立てる。
　　　　　　　　　　（注２）　法85条５項（少額債権の弁済許可）に基づく許可申立である。
　　　　　　　　　　（注３）　監督委員の同意があれば、添付資料は不要である。

書式番号79の注記　（注１）　再生債務者は、再生手続開始決定後再生計画認可決定の確定前は、裁判所の許可を得て少額の再生債権を弁済することができる（法85条５項）。
　　　　　　　　　　　　　　　再生債務者は、保全処分決定後再生手続開始決定前は、保全処分決定において弁済禁止の対象から除外された少額債権を随時弁済することができる。
　　　　　　　　　　　　　　　上記の債権放棄の申出書兼少額債権の支払請求書は、再生手続開始決定前・後のいずれの場合にも使用することができる。

書式番号80の注記　（注１）　規則85条／法85条２項、５項／法89条１項。

書式番号81の注記　（注１）　民事再生手続の場合、相殺に期間制限があり、再生債権の届出期間の満了前に相殺に適するようになったとき、その期間内に限り、相殺をすることができる（92条１項後段）。
　　　　　　　　　　（注２）　破産法17条のような現在化の規定がなく、自働債権の弁済期が届出期間の満了前に到来していることが必要。
　　　　　　　　　　（注３）　通知の相手方は、原則として再生債務者（38条１項）。
　　　　　　　　　　　　　　　ただし、管財人が選任されている場合には管財人（66条）、保全管理人が選任された場合は保全管理人（81条１項）。

書式番号82の注記　（注１）　法31条。
　　　　　　　　　　（注２）　東京地裁においては、競売手続に関する中止命令を発令する場合であっても、中止する期間は、再生計画案決議のための債権者集会までとする運用である。

書式番号83の注記　（注１）　法148条に基づく申立てである。
　　　　　　　　　　（注２）　当該物件にかかるすべての担保権について消滅を求める必要があり、一部の担保権のみを対象とすることは許されない。
　　　　　　　　　　（注３）　申立の方式→規則70条。
　　　　　　　　　　（注４）　添付書面→規則71条。
　　　　　　　　　　（注５）　担保権者全員分の副本を提出する（規則72条１項）。

書式番号84の注記　（注）　法148条１項に基づく決定である。

書式番号85の注記　（注１）　法149条に基づく請求である。
　　　　　　　　　　（注２）　担保権者は、担保権消滅許可申立書の送達を受けた日から１か月以内に請求しなければならない。
　　　　　　　　　　（注３）　費用の予納が必要（同条４項）。

(注4) 申立の方式→規則75条。

書式番号86の注記
(注1) 法148条1項。
(注2) 消滅許可請求の申立に際しては、申立書に担保物件の評価額を記載する必要がある（法149条2項2号）。許可決定があった場合、担保権者に対し決定書とともに申立書が送達される（同条3項）。
(注3) 申出額に異議のある担保権者は、価格決定の請求をする（法149条1項）。
(注4) 法150条2項。
(注5) 法150条5項。

書式番号87の注記
(注1) 別除権者は、再生手続によらず、別除権を行使できるが（法53条1項）、本協定は、合意により別除権行使を制限するものである。

書式番号88の注記
(注1) 別除権者は、別除権予定不足額について、再生債権者として議決権を行使できるが（民事再生法第88条）、予定不足額が確定しない間は、再生計画による弁済を受けることはできない（民事再生法第182条）。
この条項は、その予定不足額を協定により確定するものである。
(注2) 再生債務者が別除権目的物を協定に従った弁済によって別除権者から受け戻す条項であるが、受戻しには監督員の同意か裁判所の許可が必要となる（民事再生法第54条2項、第41条1項9号）。また、この条項は、別除権者の再生債務者に対する全ての債権が別除権により担保されているという解釈を前提としている。

書式番号89の注記
(注1) 再生債務者が別除権目的物を協定に従った弁済によって別除権者から受け戻す条項であるが、受戻しには監督員の同意か裁判所の許可が必要となる（民事再生法第54条2項、第41条1項9号）。

書式番号90の注記
(注1) 別除権者は、予定不足額が確定しない間は、再生計画による弁済を受けることができないが（民事再生法第182条）、別除権を放棄することにより、予定不足額を確定することができる。

書式番号91の注記
(注1) 法54条2項。
(注2) 再生債務者の申請書に監督委員が署名捺印すれば良い形式とした。なお、裁判所等が監督委員の同意の有無を確認しやすいように、監督委員の同意欄を書面の冒頭に作成した。
(注3) 本申請及びそれに対する監督委員の同意は書面でしなければならない（規則21条1項）。
(注4) 再生債務者は同意を得た時は遅滞なく裁判所に報告しなければならない（規則21条2項）。
(注5) 資産売却の同意と別除権の受戻しの同意の二つの同意を求めたものである。

書式番号92の注記　（注1）　法第154条1項参照。再生債権者の権利の変更条項と共益債権および一般優先権の弁済に関する条項は絶対的必要的記載事項である。
　　　　　　　　（注2）　法第156条参照。
　　　　　　　　（注3）　法第159条参照。
　　　　　　　　（注4）　法第160条1項参照。
　　　　　　　　（注5）　法第154条1項参照。
　　　　　　　　　　　　なお、共益債権については、将来弁済すべきものを明示する（規則83条）。
　　　　　　　　（注6）　法第154条1項参照。
　　　　　　　　　　　　なお、一般優先債権については、将来弁済すべきものを明示する（規則第83条）。
　　　　　　　　（注7）　法第158条1項参照。
　　　　　　　　（注8）　法第154条2項参照。

書式番号93の注記　（注1）　再生計画においては、再生債権者の権利の全部または一部を変更する条項並びに共益債権及び一般優先債権の弁済に関する条項を定めなければならない（法154条1項）。
　　　　　　　　（注2）　法156条。
　　　　　　　　（注3）　弁済資金の原資として、上記の代表者の報酬のほか、代表者の私財提供等が考え得る。

書式番号94の注記　（注1）　再生計画案をもとに、債権者集会における決議（法171条）、裁判所の認可決定（法174条）が行われるので、再生計画案には、債権者らの判断の根拠となる経営全体の情報を盛り込むことが望ましい。民事再生法は、再生計画案に盛り込むべき内容を規定している。具体的には、①権利の変更（法154条1項）、②債権者委員会の費用（同条2項）、③債務の負担及び担保の提供（法158条）、④未確定の再生債権（法159条）、⑤別除権者の権利（法160条）、⑥資本の減少（法161条）である。
　　　　　　　　（注2）　再生債務者の概要、会社の沿革、申立に至った原因等を記載する。
　　　　　　　　（注3）　再生債務者の現在の資産状況を具体的に示しつつ、資産処分の方法・時期・価格等を記載して、再生債権者に対する弁済原資の捻出方法を記載する。
　　　　　　　　（注4）　再生計画の必要的記載事項（法154条1項）。記載方法（法156、157条）。
　　　　　　　　（注5）　民事再生法においては、会社更生法におけるように延滞税を免除するシステムはないので、個別に交渉する他ない。
　　　　　　　　（注6）　別除権の行使によって弁済を受けることができない債権の部分が確定していない再生債権を有する者があるときは、権利の行使に関する適確な措置を定めなければならない（法160条1項）。
　　　　　　　　（注7）　再生手続においても、資本減少を行うには、原則として商法所定の手続が必要となるが、株式会社である再生債務者が債務超過の状態にある場合には、あらかじめ裁判所の許可を得ることにより、再生計画の定めによる資本の減少に関する条項を定めた再生計画案が提出でき

（法161条、166条1項、2項）、確定した再生計画の定めによって資本の減少をすることができる（法183条1項）。

書式番号95の注記　（注1）　本計画案は、現存株式の全部譲渡により、スポンサーの子会社化を行うものである。減資と増資の組み合わせにより子会社化を行うケースについては、書式96参照。

書式番号96の注記　（注1）　減少すべき資本の額および資本減少の方法を定めなければならない（法161条1項）。
　　　　　　　　　　（注2）　法161条2項。
　　　　　　　　　　（注3）　発行済株式数が零となる時間が生じないように、減資・増資の効力発生時点の設定に注意する必要がある。なお、商法280条の9第1項参照。
　　　　　　　　　　（注4）　増資に関しては再生手続上何らの手当もなされていないので、商法の規定に基づき取締役会決議を経て新株を発行する必要がある。
　　　　　　　　　　　　　　また、非公開会社で定款に株式譲渡制限が設けられている場合には、既存の株主以外に第3者割当増資をするためには株主総会の特別決議（商280条の5の2）が必要である。

書式番号97の注記　（注1）　再生計画の定めによる資本減少に関する条項を定めるためには、予め裁判所の許可を得なければならない（法166条1項、同154条3項）。
　　　　　　　　　　（注2）　この場合、再生債務者が発行する株式の総数についての定款の変更に関する条項をも定めることができる（法154条3項）。本件においては、減資・増資後の発行済株式総数が20万株と減少するため、授権株式数の規制（商法166条3項、同347条）を考慮して、再生債務者が発行する株式の総数についての定款変更に関する条項を定めるものである。
　　　　　　　　　　（注3）　裁判所は、債務超過の場合に限り、資本減少等の条項を定めた再生計画案を提出することについて許可をすることができる。
　　　　　　　　　　（注4）　資本減少等を定める条項に関する許可がなされたときは、許可決定の要旨を記載した書面を株主に送達しなければならないが（法166条3項前段）、その送達は、株主名簿に記載された住所または株主が再生債務者に通知した住所にあてて、通常の取扱による郵便に付して行うことができ、その場合、その郵便物が通常到達すべきであったときに送達があったものとみなされる（法166条3項後段、同43条4項、5項、規則88条）。なお、裁判所は、この送達に代えて公告をすることもでき（法10条3項）、東京地裁の運用は原則として公告によっている。
　　　　　　　　　　　　　　これに対し、株主は、即時抗告をすることができる（法166条4項。不服申立期間は、裁判の送達があった日から1週間［法19条、民訴法332条］、公告の場合には公告の効力が生じた日から2週間［法9条、同10条2項］）。この即時抗告には、執行停止の効力がある（法19条、民訴法334条1項）。資本減少等を定める条項に関する許可申請をするときは、即時抗告がなされる場合を想定する必要があり、ま

た、公告（官報掲載）までに2週間程度は時間を要することから、再生計画案提出期限の1ヶ月以上前に余裕をもって行うのが望ましい。
(注5) 再生計画により資本の減少等がされた場合には、商法に規定された、株式併合の告知・通知、効力発生の時期の規定（商法212条2項による同215条1項・2項および同377条2項の準用）、債権者および社債権者の異議手続の規定（商法376条2項・3項）、資本減少無効の訴えの規定（商法380条）は適用されず、株式の併合を行う場合の取引所相場のない端株の売却許可に係る事件は、再生裁判所が管轄する（法183条2項）。

　　また、再生計画により資本の減少等がされる場合には、株主総会における資本減少の特別決議（商法375条）は必要ないものと解される。

書式番号103の注記　(注1)　民事再生法では、増資は再生計画による必要はなく、取締役会の決議によって行われる（商法280条の2）。

書式番号104の注記　(注1)　商法280条の5の2に基づく増資。

書式番号105の注記　(注1)　裁判所は、債務超過の場合に限り、資本減少等の条項を定めた再生計画案を提出することについて許可をすることができるものと解されるので、通常は、再生債務者による財産評定（法124条）の後に許可申請をすることとなるものと思われる。
(注2)　資本減少等を定める条項に関する許可申請をするときは、即時抗告（法19条、民訴法332条）がなされる場合を想定する必要があり、また、公告（官報掲載、法10条3項）までに2週間程度は時間を要することから、再生計画案提出期限の1ヵ月以上前に余裕をもって行うことが望ましい。
(注3)　増資に関しては再生手続上何らの手当もなされていないので、商法の規定に基づき取締役会決議を経て新株を発行する必要がある。

　　また、非公開会社で定款に株式譲渡制限が設けられている場合には、既存の株主以外に第3者割当増資をするためには株主総会の特別決議（商280条の5の2）が必要である。
(注4)　再生計画認可決定確定前に新株式の発行決議を行うときには、認可決定が確定するまで即時抗告により期間を要する場合があることを想定して余裕をもって新株払込期日を設定する必要がある（例えば、再生計画認可決定の日から3ヵ月を経過する日の属する月の末月を新株払込期日と設定することや、認可決定の確定を新株式の発行決議の停止条件と定めることも考えられる）。
(注5)　株式会社である再生債務者が再生計画の定めにより資本の減少を行ったときは、本店所在地にあっては2週間内に、支店所在地にあっては3週間内に、資本の減少による変更登記を申請しなければならない（商法188条2項6号、3項、67条）。

　　また、再生計画の定めにより再生債務者が発行する株式の総数について定款が変更されたときは、本店所在地にあっては2週間内に、支店所在にあっては3週間内に、発行する株式の総数の変更による変更

登記を申請しなければならない（商法188条2項1号、3項、67条）。
　これらの登記の申請には、再生計画認可の決定書の謄本又は抄本を添付しなければならない（法183条4項）。
　なお、法務省（民事局第4課）の平成12年12月14日現在の見解によれば、上記の資本減少等の登記の申請手続にあたっては、再生計画認可決定確定の登記（裁判所書記官により嘱託でなされる）がなされていることが前提とされるとのことである。

書式番号106の注記　（注1）　法167条に基づく修正について、裁判所の許可を求める申請である。
（注2）　この修正は、再生計画案決議のための債権者集会の招集決定または書面決議の決定がなされるまで行うことができる。
（注3）　裁判所は、修正案について労働組合等の意見を聴取する（法168条）。

書式番号109の注記　（注1）　再生債権者に、再生計画案決議に関する議決権行使の委任状の提出を依頼する書面（法171条5項）。

書式番号110の注記　（注1）　再生計画案決議に関する委任状。
（注2）　再生債権者は代理人をもって議決権を行使することが出来る（法171条5項）。
（注3）　代理人によって議決権を行使する場合には、代理権を証する書面を裁判所に提出しなければならない（規則51条）。
（注4）　受任者の資格は問わない。

書式番号111の注記　（注1）　172条2項に基づき、書面決議に付する旨の決定がなされた場合の、議決権者に対する再生計画案に同意するか否かの回答を求める通知等。
（注2）　裁判所の定める回答期間は、書面決議に付する旨の決定の日から2週間以上3ヵ月以下の範囲内でなければならない（規則91条1項）。

書式番号112の注記　（注1）　法163条3項。
（注2）　期間伸長は特別の事情がある場合を除き、2回を超えて行うことはできない（規則84条3項）。
（注3）　再生計画案の提出期限は、通常、再生手続開始決定において、裁判所により決められる。なお、法163条1項。
（注4）　再生計画案提出期限は、特別な事情がある場合を除き、一般調査期間の末日から2月以内の日としなければならない（規則84条1項）。
（注5）　東京地裁では、打合せ期日に期間伸長の協議ができれば、改めて書面の提出を要しない扱いである。

書式番号113の注記　（注1）　法42条に基づく申請である。
（注2）　裁判所が許可をする場合には、再生債権者の意見を聴かなければ

ならない（法42条2項）。そのためには、債権者審問期日の開催、意見聴取のための新聞公告の掲載などの手続が必要となる。
(注3)　労働組合等の意見も聴く必要がある（法42条3項）。

書式番号114の注記　(注1)　法43条に基づく申立である。
(注2)　許可決定の送達のために必要なときは、株主の住所を記載した書面の提出を求められることがある（法43条2項、規則19条）。ただし、東京地裁では、通常株主への送達に代えて公告を行っているので（法10条3項）、株主の住所を記載した書面の提出は求められていない。

書式番号115の注記　(注1)　営業譲渡の時期、方法としては、再生手続前の営業譲渡、再生手続申立後から開始決定前の営業譲渡、再生手続開始決定後の営業譲渡、再生計画による営業譲渡が考えられるが、本書式では、再生手続開始決定後の営業譲渡を念頭に置いて作成した。
　　　　　再生手続開始決定後に営業譲渡を行う場合、裁判所の許可が必要である（法42条1項）。裁判所は、許可に当たり、知れたる債権者、労働組合等再生債務者の従業員の過半数を代表する者の意見を聴く（法42条2項、3項）。
(注2)　営業譲渡においては、取引先との取引の継続が重要となるため、取引先に対する債務を引き継ぐ形での営業譲渡契約を締結する必要性が高い。しかし、営業譲渡契約において取引先に対する債務を引き継ぎ、その額を譲渡対価から差引いて譲渡価額を決定すると、承継する取引先に対する債務を全額弁済することになるので、債権者間の衡平を害することになる。また、再生債権については、再生計画の定めるところによらずに弁済することができないとされている（法85条1項）ので、債務を承継する営業譲渡は、裁判所の許可を得られない可能性がある。但し、取引先が商品売買の先取特権・商事留置権を有しているものについては、別除権として再生手続外で弁済することが可能（法53条）であり、したがって、営業譲渡契約書において債務を承継することも可能である。
(注3)　本書式は、瑕疵担保責任を負わない例であるが、通常の営業譲渡の場合、営業譲渡時に予測できなかった問題が発生した場合、譲受会社は譲渡会社に対し、瑕疵担保責任を追及できる。しかし、譲渡会社が再生会社の場合、営業譲渡代金を原資として債権者に弁済してしまうので、全額の補償を得ることが困難となる（弁済後会社を清算する場合は、補償を求める相手方が存在しなくなる可能性もある）。したがって、瑕疵担保責任を負う場合でも、営業譲渡代金の分割払いや、条件付支払条項を入れる等の工夫が必要となる。
(注4)　営業譲渡により譲受会社に譲渡会社の従業員を引き継ぐには、従業員の承諾が必要である。本書式では、従業員の地位については契約書上明確にせず、当事者間で別途協議する形式にした。
(注5)　株式会社が営業の全部又は重要な一部の譲渡を行う場合、株主総会の特別決議が必要である（商法245条1項1号）が、株式会社が債務超過の場合（再生手続きでは債務超過であるのが通常）には、裁判

所の許可をもって商法245条の特別決議に代えることができる（法43条1項）。この代替許可を得ることにより、株主総会決議を省略して迅速に営業譲渡を行うことができ、時間の経過による資産の劣化を防ぐことが可能である。

(注6) 代替許可決定に対しては、株主は、即時抗告をなすことができる（法43条6項）ため、抗告却下又は棄却決定がなされることを停止条件として、営業譲渡契約の効力が生ずるものとした。

書式番号116の注記 (注1) スケジュール例は、「再生手続開始決定後に裁判所の許可による営業譲渡」の場合であるが、このほかに、「再生手続申立後から再生手続開始決定前の営業譲渡」や「再生計画による営業譲渡」が考えられる。
(注2) 株主総会による特別決議（商法245条）をおこなうことも可能である。
(注3) 担保権者による価格決定請求手続（法149条〜）が介在することもあり得る。

書式番号117の注記 (注1) 東京地裁では、このような広告を新聞に掲載する運用である。

書式番号118の注記 (注1) 法42条3項。
(注2) 使用人その他の従業員の過半数で組織する労働組合があるときはその労働組合に、ないときは使用人その他の従業員の過半数を代表する者の意見を聴取する必要がある。

書式番号119の注記 (注1) 法43条6項。
(注2) 取消理由としては、債務超過ではないことや、譲渡される営業が事業継続のために必要ではないこと等が考えられる。

書式番号120の注記 (注1) 法18条に基づく申立である。
(注2) 謄写等を行うことにより、再生債務者の事業の維持再生に著しい支障を生ずるおそれまたは再生債務者の財産に著しい損害を与えるおそれがある部分があることを疎明する必要がある。
(注3) 支障部分の特定が必要（規則10条1項）。
(注4) 本申立は、当該文書の提出の際にしなければならない（規則10条2項）。
(注5) 申立の際には、対象文書から支障部分を除いたものを作成し、裁判所に提出しなければならない（規則10条3項）。
(注6) 実務的には、閲覧等の制限をしなくてすむよう、まず裁判所への提出書類の内容を工夫すべきである。

書式番号122の注記 (注1) 法第18条3項に基づく申立である。
(注2) 法第18条1項に規定する閲覧等の制限の要件を欠くこと、又はこれを欠くに至ったことを閲覧制限の取消を求める理由として記載する。

書式番号123の注記　（注1）　法120条1項。
　　　　　　　　　（注2）　再生手続申立後開始決定前においても、再生債務者は事業活動を行っているのが通常であり、その事業活動に基づく多額の支払債務が生ずることになる。よって、再生手続開始決定時に支払時期が到来しない債権につき、一覧表を作成して別紙として添付し、一括して共益債権として承認を求める申請書とした。
　　　　　　　　　（注3）　再生債務者の申請書に監督委員が署名捺印すれば良い形式とした。なお、裁判所等が監督委員の承認の有無を確認しやすいように、監督委員の承認欄を書面の冒頭に作成した。
　　　　　　　　　（注4）　監督委員は承認をした場合には遅滞なく裁判所に報告しなければならない（規則55条）。なお、東京地裁では、この報告も便宜、申立代理人から行う運用となっている。

書式番号124の注記　（注1）　法120条2項／規則55条。
　　　　　　　　　（注2）　東京地裁では、この報告も適宜、申立代理人からしてもらう運用となっている。

書式番号125の注記　（注1）　法54条2項。法122条。
　　　　　　　　　（注2）　東京地裁は、一般優先債権の承認について監督委員の同意事項から外しているが、その他の裁判所では監督委員の同意事項に含まれていることもある。
　　　　　　　　　（注3）　従業員の退職金については、民法306条及び商法295条により一般先取特権を有しており、法122条1項により一般優先債権となる。
　　　　　　　　　（注4）　租税債権については、法122条1項の「その他一般の優先権がある債権」に該当し、一般優先債権となる。
　　　　　　　　　（注5）　再生債務者の申請書に監督委員が署名捺印すれば良い形式とした。なお、裁判所等が監督委員の同意の有無を判断しやすいように、監督委員の同意欄を書面の冒頭に作成した。
　　　　　　　　　（注6）　本申請及びそれに対する監督委員の同意は書面でしなければならない（規則21条1項）。
　　　　　　　　　（注7）　再生債務者は同意を得た時は遅滞なく裁判所に報告しなければならない（規則21条2項）。

書式番号126の注記　（注1）　法125条2項。
　　　　　　　　　（注2）　再生債務者は、再生債務者の業務及び財産の管理状況その他裁判所の命ずる事項を裁判所に報告しなければならない。

書式番号127の注記　（注1）　法124条に基づく財産評定。
　　　　　　　　　（注2）　再生手続開始の時における価額を評定する（法124条1項、2項）。
　　　　　　　　　（注3）　財産価額評定書の提出期限は、開始決定の際に決定されるが、通常、開始決定日から1ヵ月ないし5週間程度後に設定される。
　　　　　　　　　（注4）　財産の価額の評定（貸借対照表）は、原則として、再生債務者に属する財産を処分するものとして評定する（規則56条1項本文）。ただし、必要がある場合には、併せて、全部又は一部の財産について、

再生債務者の事業を継続するものとして評定することができるものとされている（規則56条1項但書）。
(注5) 法124条2項の財産目録及び貸借対照表の作成にあたっては、その作成に関して用いた財産の評価方法その他会計方針を注記する必要がある（規則56条2項）。
(注6) 貸借対照表の備考欄には、別除権の設定の有無・内容等を記載することを考えている。

書式番号128の注記 (注1) 法124条に基づく財産価額評定書について訂正を上申するものである。

書式番号129の注記 (注1) 法第125条1項。
(注2) 開始決定直後、財産評定とともになされるのが一般である。

書式番号130の注記 (注1) 法142条に基づく申立である。
(注2) 申立ての方式→規則68条。

書式番号131の注記 (注1) 142条参照。
(注2) 民事再生事件が係属する裁判所で行われる。

書式番号132の注記 (注1) 法143条に基づく申立である。
(注2) 申立ての方式→規則69条。

書式番号133の注記 (注1) 第144条参照。
(注2) 民事再生事件の係属する裁判所で行われる。

書式番号134の注記 (注1) 法122条4項、121条3項に基づく申立である。
(注2) 担保を立てることが必要な場合もある。

書式番号135の注記 (注1) 手続開始後はいつでも申し立てできる。
(注2) 利害関係人（再生債権者、再生債務者、別除権者等）に申立権がある（法118条1項）。住所及び名称等を記載する必要がある（規則53条1項1号）。
(注3) 法118条（債権者委員会の関与承認）に基づく申立である。
(注4) 債権者委員会の委員は、3名以上10名以内である（法118条1項1号、規則52条）。委員の住所及び名称等を記載する必要がある（規則53条1項2号）。
(注5) 委員が有する再生債権の内容を記載する必要がある（規則53条1項3号）。
(注6) 再生債権者の過半数が債権者委員会の手続関与に同意していることが必要となる（法118条1項2号）。
(注7) 当該委員会が再生債権者全体の利益を適切に代表していることが必要となり（法118条1項3号）、その理由を記載する必要がある（規則53条1項4号）。

(注8) 債権者委員会の委員のうち連絡担当者を指定し、裁判所に届け出る等の手続が必要となる（規則54条2項）。
(注9) 債権者委員会の運営に関する定めを記載した書面の添付が必要（規則53条2項1号）。
(注10) 再生債権者の過半数が当該債権者委員会の手続関与に同意していることを認めるに足りる書面の添付が必要（規則53条2項2号）。
(注11) 債権者委員会の委員について、その実在を示す資料である。

書式番号136の注記
(注1) 法118条（債権者委員会の関与承認）の添付資料として用いることができる。
(注2) 任意の債権者集会であるので、いつでも開催できる。
(注3) 債権者委員会の委員は、3名以上10名以内である（法118条1項1号、規則52条）。
(注4) 再生債権者の過半数が債権者委員会の手続関与に同意していることが、債権者委員会の関与承認のために、必要となる（法118条1項2号、規則53条2項2号）。
(注5) 当該委員会が再生債権者全体の利益を適切に代表していることが、債権者委員会の関与承認のために、必要となる（法118条1項3号）。
(注6) 債権者委員会の委員のうち裁判所等との連絡担当者を決めておくことが望まれる（規則54条2項）。
(注7) 債権者委員会の運営に関して定めることが必要である（規則53条2項1号）。

書式番号137の注記
(注1) 法119条2号。
(注2) 東京地裁では、共益債権の承認について、監督委員の同意事項から外しているので、この申請は不要である。その他の裁判所では監督委員の同意事項となっているようである。再生債務者の再生手続開始決定後の事業活動における費用について、個別に共益債権としての監督委員の同意を得る作業は非常に煩雑であることから、別紙において、支払先が特定できるものについては支払先を特定してその支払内容及び1カ月間の概算による支払金額を記載し、支払先の特定が困難なものは支払内容と1カ月間の概算の支払金額のみを記載して、包括的に監督委員から同意を得る申請書とした。よって、特別な支出が生じない限り、この申請書で再生債務者の再生手続開始決定後における事業活動上の支出については共益債権として承認されることになる。
(注3) この申請に対し、監督委員としては、無条件に同意する場合と、1カ月ごとの支出明細を報告することを条件として同意する場合が考えられる。
(注4) 再生債務者の申請書に監督委員が署名捺印すれば良い形式とした。なお、裁判所等が監督委員の同意の有無を判断しやすいように、監督委員の同意欄を書面の冒頭に作成した。
(注5) 本申請及びそれに対する監督委員の同意は書面でしなければならない（規則21条1項）。

(注6) 再生債務者は同意を得た時は遅滞なく裁判所に報告しなければならない（規則21条2項）。

書式番号138の注記 (注1) 法54条2項により監督委員の同意事項とされている場合の同意申請である。
(注2) 同意申請と同意とは、書面による（規則21条1項）。
(注3) 同意を得た再生債務者はその旨を裁判所に報告する（規則21条2項）。
(注4) 監督委員の同意を得ないでした行為は原則無効である（法54条4項）。
(注5) 監督命令の有効期間中に申請をおこなう。監督命令中の同意事項について、東京地裁では、「ただし、再生計画認可決定があった後は、この限りでない。」として、認可決定後は、同意不要としている。監督命令の変更又は取消は法54条5項、再生手続終結決定による監督命令の失効は法188条4項を参照。

書式番号139の注記 (注1) 法54条2項。
(注2) 監督委員の同意を得ないで行った行為は無効となる（法54条4項）。
(注3) 法120条。
(注4) 監督委員はこの承認を行った場合には遅滞なく裁判所に報告しなければならない（規則55条）。なお、東京地裁では、申立代理人が便宜報告する運用である。
(注5) 再生債務者の申請書に監督委員が署名捺印すれば良い形式とした。なお、裁判所等が監督委員の同意・承認の有無を判断しやすいように、監督委員の同意・承認欄を書面の冒頭に作成した。
(注6) 本同意申請及びそれに対する監督委員の同意は書面でしなければならない（規則21条1項）。
(注7) 再生債務者は同意を得た時は遅滞なく裁判所に報告しなければならない（規則21条2項）。

書式番号140の注記 (注1) 法54条2項により監督委員の同意事項とされている場合の同意申請である。
(注2) 同意申請と同意とは、書面による（規則21条1項）。
(注3) 同意を得た再生債務者はその旨を裁判所に報告する（規則21条2項）。
(注4) 監督委員の同意を得ないでした行為は原則無効である（法54条4項）。
(注5) 監督命令の有効期間中に申請をおこなう。監督命令中の同意事項について、東京地裁では、「ただし、再生計画認可決定があった後は、この限りでない。」として、認可決定後は同意不要としている。監督命令の変更又は取消は法54条5項、再生手続終結決定による監督命令の失効は法188条4項を参照。

書式番号141の注記　（注1）　法54条2項により監督委員の同意事項とされている場合の同意申請である。
　　　　　　　　　（注2）　同意申請と同意とは、書面による（規則21条1項）。
　　　　　　　　　（注3）　同意を得た再生債務者はその旨を裁判所に報告する（規則21条2項）。
　　　　　　　　　（注4）　監督委員の同意を得ないでした行為は原則無効である（法54条4項）。
　　　　　　　　　（注5）　監督命令の有効期間中に申請をおこなう。監督命令中の同意事項について、東京地裁では、「ただし、再生計画認可決定があった後は、この限りでない。」として、認可決定後は、同意不要としている。監督命令の変更又は取消は法54条5項、再生手続終結決定による監督命令の失効は法188条4項を参照。

書式番号142の注記　（注1）　法49条に基づく解除通知である。後日の紛争を避けるために配達証明付き内容証明郵便にて送付する例を想定した。
　　　　　　　　　（注2）　契約の特定をおこなう。類似取引があって判別が紛らわしい場合には、念のため、別途、普通郵便にて、契約書の写しを送付することも考えられる。
　　　　　　　　　（注3）　開始決定の写しは、別の機会に事前に送付されていることが多いと思われるが、上記契約書の送付の際に、普通郵便中に同封することも考えられる。
　　　　　　　　　（注4）　再生手続開始の後に送付する（法49条）。

書式番号143の注記　（注1）　法49条2項に基づく催告である。後日の紛争を避けるために配達証明付き内容証明郵便にて送付する例を想定した。
　　　　　　　　　（注2）　法49条2項に定める「相当の期間」については、会社更生法103条2項（30日）の如き法定日数は定められていない。
　　　　　　　　　（注3）　再生手続開始の後に送付する（法49条1、2項）。また、再生債務者等から解除または履行の選択がなされた後は、催告の実益がない。

書式番号144の注記　（注1）　民事再生法211条3項の却下事由に注意。
　　　　　　　　　（注2）　民事再生法211条1項の要件は、届出再生債権者の総債権について裁判所が評価した額の5分の3以上に当たる届出再生債権者の同意。
　　　　　　　　　（注3）　債権者及び債権額を記載した届出債権者一覧表に、同意した債権者を明示する。
　　　　　　　　　（注4）　労働組合に対し、口頭で通知（民事再生法211条2項）した場合の報告書。労働組合に対し交付した書面の写しを添付することも考えられる。
　　　　　　　　　（注5）　債権届出期間の経過後一般調査期間の開始前（民事再生法211条1項）。

書式番号145の注記　（注1）　法律上特に必要のない記載であるが、再生債権者に簡易再生への同意の意味（法214条3項）について詳しく説明するものである。
　　　　　　　　　（注2）　債権届出期間の経過後一般調査期間の開始前（法211条1項）。

書式番号146の注記　（注１）　再生計画案の事前提出の制度（民事再生法164条）を利用して、債権届出期間満了前に再生計画を裁判所に提出しておく。
　　　　　　　　　（注２）　書式145参照。

書式番号151の注記　（注１）　簡易再生の申立の要件として、労働組合等（42条3項参照）に簡易再生の申立をすることを通知することが必要（211条2項）。
　　　　　　　　　　　　　　なお、同意再生手続の場合も、労働組合等に対する通知が必要（217条6項→211条2項）。

書式番号152の注記　（注１）　民事再生法217条6項が準用する211条3項の却下事由に注意。
　　　　　　　　　（注２）　労働組合に対し、口頭で通知（民事再生法217条6項の準用する211条2項）した場合の報告書。労働組合に対し交付した書面の写しを添付することも考えられる。
　　　　　　　　　（注３）　債権届出期間の経過後一般調査期間の開始前（民事再生法217条1項）。

書式番号154の注記　（注１）　法律上特に必要のない記載であるが、再生債権者に同意再生への同意の意味（法219条1項）について詳しく説明するものである。
　　　　　　　　　（注２）　債権届出期間の経過後一般調査期間の開始前（民事再生法217条1項）。

書式番号155の注記　（注１）　再生計画案の事前提出の制度（民事再生法164条）を利用して、債権届出期間満了前に再生計画を裁判所に提出しておく。
　　　　　　　　　（注２）　書式154参照。

書式番号161の注記　（注１）　法54条1項。東京地裁は、原則として監督委員を選任する運用を行っている。

書式番号162の注記　（注１）　再生計画案の作成若しくは可決の見込み又は再生計画の認可の見込みがないことが明らかなことは、再生開始申立棄却事由である（法25条3項）。そして、東京地裁では、申立受理後直ちに監督委員が選任される運用がなされており、監督委員は、開始の可否につき意見を述べることになっている。
　　　　　　　　　　　　　　本照会状は、大口債権者等の意向を確認し、上記意見を述べる際の参考にするものである。

書式番号163の注記　（注１）　東京地裁においては、開始を相当とする場合、上記のように記載した書面を提出すれば足り、資料を添付する必要はないとされている。また、開始決定の可否の意見を述べる際に、公認会計士の報告書を得ている必要もないとされている。

書式番号164の注記　（注１）　裁判所が、再生債務者について、監督委員への報告を要する行為を指定した場合の監督委員への報告書の例である。民事再生規則22条1項、2項参照。

書式番号165の注記	（注１）	再生債務者の報告書を引用して簡略化することが考えられる。
書式番号166の注記	（注１）	東京地裁では、再生債務者（申立代理人）と監督委員、裁判所の三者の協議によって否認権限を付与するかどうかを決めるため、再生債務者が否認する行為の内容についてのメモを作成して裁判所に提出すれば足り、監督委員から本書面のような申立てをする必要はない。
	（注２）	法56条１項。
	（注３）	詳細な情報や事情を記載すると否認の相手方に閲覧されるおそれがあるので、裁判所との面接において伝えるなどの配慮も必要である。
	（注４）	否認事由については法127条以下参照。
書式番号167の注記	（注１）	東京地裁では、否認のための権限行使の方法等については口頭で協議がされているので、本書面のような申立てをする必要はない。 本件許可申請は、例外的な場合（否認権行使の権限付与［法56条１項］にあたり、監督委員が訴えの提起、和解その他裁判所の指定する行為をするのに裁判所の許可を得なければならないものとされた場合）に必要となるものである（法56条４項）。
	（注２）	詳細な情報や事情を記載すると否認の相手方に閲覧されるおそれがあるので、裁判所との面接において伝えるなどの配慮も必要である。
書式番号168の注記	（注１）	再生手続開始決定があった場合には、裁判所は、利害関係人の申立によりまたは職権で、監督委員に対して特定の行為について否認権を行使する権限を付与することができる（法56条１項）。
	（注２）	申立ては再生裁判所に対して行なうので、再生事件の記録中に存する資料は添付資料として添付する必要はない。
書式番号169の注記	（注１）	法135条。
書式番号170の注記	（注１）	法137条１項。
	（注２）	否認請求の認容決定に対する異議訴訟は、再生裁判所（例えば、東京の場合、東京地方裁判所）が管轄する（法137条２項）。
書式番号171の注記	（注１）	法79条ないし83条。規則27条。
	（注２）	再生債務者の業務の遂行並びに財産の管理及び処分については、保全管理人に専属する。しかし、常務に属さない行為は裁判所の許可を得なければならず、許可を得ないでなした行為は無効となる（法81条）。裁判所は、必要があるときは裁判所の許可を得なければならないとする行為を指定できる（法81条３項、法41条）。
	（注３）	裁判所は保全管理人を監督し（法83条１項、法57条）、その監督の一環として報告書の提出を求めることができる。なお、その報告書の提出を促すことを裁判所は裁判所書記官に命じて行わせることができる（規則27条、規則23条）。

書式番号172の注記　（注1）　裁判所は、再生債務者（法人に限る）の財産管理または処分が失当であるときその他再生債権者の事業の継続のために特に必要があると認めるときは、利害関係人の申立によりまたは職権で、再生手続開始の申立について決定があるまでの間、再生債務者の業務及び財産に関し、保全管理人による管理を命ずる処分をすることができる（法79条1項）。

書式番号174の注記　（注1）　別添再生手続開始通知書には監督委員として弁護士○○○○と記載していますが、上記のとおり管財人に選任されています。また本件に関する認否等に関する問い合わせ先として申立代理人弁護士○○○○となっていますが、管理命令が発せられたことにより管財人宛に行ってください。

書式番号175の注記　（注1）　裁判所は、再生債務者（法人に限る）の財産管理または処分が失当であるときその他再生債権者の事業の再生のために特に必要があると認めるときは、利害関係人の申立によりまたは職権で、再生手続開始の決定と同時にまたはその決定後、再生債務者の業務及び財産に関し、管財人による管理を命ずる処分をすることができる（法64条1項）。

書式番号176の注記　（注1）　法64条ないし法78条。規則27条。
　　　　　　　　　（注2）　急迫の事情があるときを除き、再生債務者の審尋が行われる（法64条3項）。
　　　　　　　　　（注3）　管理命令及びその変更・取消の決定に対しては即時抗告できる（法64条5項）。ただし、即時抗告は執行停止の効力を持たない（法64条6項）。
　　　　　　　　　（注4）　管理命令が出された場合には公告がなされ、当事者に決定書の送達がなされる（法65条）。

書式番号177の注記　（注1）　裁判所は、再生手続開始の申立があった場合において、必要があると認めるときは、利害関係人の申立によりまたは職権で調査委員による調査を命ずる処分をすることができる（法62条1項）。
　　　　　　　　　（注2）　書式162参照のこと。

書式番号179の注記　（注1）　再生計画は認可決定が確定したときに効力が生じる（177条1項）。
　　　　　　　　　（注2）　再生計画の効力→177条2項、178条以下。

書式番号180の注記　（注1）　再生計画認可、不認可の決定については、期日による言渡しの方法をとらず、決定を送達するとの方法がとられている。
　　　　　　　　　（注2）　直接の利害関係者（法115条1項に規定する者）に対しては「主文及び理由の要旨」を送達するとともに（法175条4項）労働組合などに対しても、決定があった旨の通知をする必要（法175条5項）がある。

書式番号181の注記　（注1）　法187条に基づく変更申立である。
　　　　　　　　　（注2）　申立の方式→規則94条。
　　　　　　　　　（注3）　再生債権者に不利な変更の場合、再生計画案提出の場合の手続規定が準用される。ただし、不利な影響を受けない再生債権者については手続に参加させる必要はなく、従前の再生計画に賛成した者が債権者集会に欠席した場合は、変更計画案に同意したものとみなされる（法187条2項）。

書式番号182の注記　（注1）　法189条に基づく再生計画取消しの申立である。
　　　　　　　　　（注2）　本書式は、189条1項2号の再生計画の不履行を理由とする申立である。
　　　　　　　　　（注3）　申立の方式規則95条。

書式番号183の注記　（注1）　監督委員が裁判所に再生手続廃止決定を求める申立てである。再生債務者も申し立てることができる。裁判所の職権で廃止決定をすることも可能である（194条）。
　　　　　　　　　（注2）　再生手続廃止の効力は遡及しない。
　　　　　　　　　　　　　　再生計画認可決定確定前→195条7項・185条。
　　　　　　　　　　　　　　再生計画認可決定確定後→195条6項。
　　　　　　　　　（注3）　廃止決定が確定したときは、裁判所は、職権で破産宣告をすることができる（16条1項）。
　　　　　　　　　（注4）　再生債務者等の関係人には、廃止決定をするに意見を述べる機会が与えられている（規則98条）。

書式番号184の注記　（注1）　認可決定確定後に申し立てる（法194条）。
　　　　　　　　　（注2）　債権者には廃止申立権がないので、裁判所の職権発動を促す上申をする。
　　　　　　　　　（注3）　廃止決定に際しては再生債務者等の意見聴取の機会がある（規則98条）。
　　　　　　　　　（注4）　廃止決定が確定した場合に破産に移行することがある（法16条）。

書式番号185の注記　（注1）　法191条1号に基づく再生手続の廃止である。
　　　　　　　　　（注2）　法191条各号のいずれかに該当する場合は、裁判所は、職権で再生手続廃止の決定をしなければならない。

書式番号186の注記　（注1）　法188条に基づく申立てである。
　　　　　　　　　（注2）　本例は、再生計画が遂行されたときの例である。

あ と が き

　第二東京弁護士会倒産法制検討委員会では、第2部会が中心となり、昨年7月に「民事再生法の書式」を発刊しました。これは民事再生法の施行に伴い、新法で必要となる書式をまとめたものですが、原稿作成の段階では新法が施行されていなかったため、それまでの会社更生事件や和議事件で使用された書式を参考にせざるを得ませんでした。

　その後、民事再生法が施行され、既に相当数の申立がなされておりますが、今回の改訂は民事再生事件で実際に使用された書式を広く集め、執筆者において必要適切な修正を加えたものであり、まさに現実の運用に則したものとなっています。また、書式の数も前回の約2倍に増え、数多くのタイプの再生事案に適用できるように改訂されています。

　民事再生法に関しては他にも書式集が発行されておりますが、本書式集は再生手続において実際に使用されたものを中心に作成されておりますので、現場において直ちに役に立つことは間違いありません。また、掲載されている書式例は民事再生手続だけに止まらず、他の倒産手続において利用し得るものが多数含まれており、弁護士のみならず広く倒産案件に関与される方々のお役に立つものと確信しております。

　最後に、本書式集の発刊に尽力された執筆者諸氏のご苦労を労うと共に、ご多忙中にもかかわらず、本書式集の監修をご快諾いただきました東京地方裁判所破産再生部の園尾隆司判事に心から深謝いたします。

　　平成13年4月

　　　　　　　　　　　　　　　　第二東京弁護士会倒産法制検討委員会

　　　　　　　　　　　　　　　　　　　　委員長　那須　克巳